L'écosystème blockchain et le bitcoin

Avant-propos.

Vous avez sûrement entendu parler du concept de blockchain très vaguement lors de soirées entre amis ? Vous utilisez peut-être des applications décentralisées sans le savoir ou vous ne connaissez même pas ce concept extraordinaire de décentralisation. Peut-être spéculez-vous sur des crypto-actifs sans comprendre la technologie et les enjeux derrière ce monde énigmatique...

Si vous êtes dans cette situation .. Alors vous avez choisi le bon livre. Celui-ci explique ce qui est difficilement compréhensible à l'aide de concepts simples. La triste vérité étant que les experts parlent souvent de la blockchain avec des méthodes abstraites.
Comprendre des phénomènes théoriques se révèle souvent compliqué, et c'est pourquoi j'écris ce livre. Répondre au besoin concret est une tâche importante pour moi et je pense qu'une explication concrète de la blockchain peut être utile à beaucoup de personnes.

Après l'apprentissage du concept de la blockchain au travers des images et exemples concrets. Vous serez capable de tenir de longues discussions philosophiques à propos de ce sujet.. qui fait souvent débat dans la société.

Apprendre et étudier la blockchain, ce n'est pas seulement intégré au concept général. C'est étudier de nombreuses notions et technologies diverses et variées. Ces technologies étudiées ici nous permettront de relier les anciennes sciences informatiques avec l'art de l'informatique moderne. Nous irons même plus loin que la technologie dans ce livre, puisque la blockchain aborde aussi des mathématiques, de la cryptographie, des notions de réseaux et bien d'autres choses.

La blockchain soulève également des questions éthiques, Comment l'utiliserons nous dans le futur ? Faut-il tout décentraliser ? L'avenir même de l'échange est en jeu et c'est pour cela qu'il convient d'étudier le registre d'échange distribué avec attention.

Introduction.

Une avancée technologique majeure, comparable pour certains à l'invention du feu, assimilée pour d'autres a la meilleure technologie du 21ème siècle... Une chose est évidente : L'utilisation de la blockchain révolutionnera bien des milieux...

La Blockchain est une technologie rendue célèbre grâce au réseau bitcoin. C'est Satoshi Nakamoto qui a mis au goût du jour la blockchain et tous ses attributs. Cependant la technologie a vu le jour bien avant, au début des années 90. Si le protocole initial a bien évolué, le concept a toujours été traité comme une invention, une évolution dans la capacité de l'homme.

Nous verrons concrètement dans ce livre, pourquoi un tel engouement pour les réseaux décentralisés ? Quel probleme résout t-on au final avec une blockchain pour susciter un intérêt aussi grand ?

Nous ferons l'historique de la technologie et nous découvrirons ses caractéristiques techniques.

Ainsi les réseaux à la base de la blockchain utilisent de la cryptographie, notions essentielles pour comprendre comment les transactions s'effectuent au sein d'une blockchain.

Nous rechercherons également les enjeux politique et social pour le système blockchain et les crypto-monnaies. Pourquoi le système monétaire est-il touché à cause de la blockchain ? Quelles sont les positions des États face à la technologie grandissante en matière de fiscalité et de droit d'usage ?

Nous étudierons également de manière complète, le cas de la blockchain ethereum, et la blockchain créée par Philip

Morris. Afin de cerner leurs business model et de comprendre comment chaque écosystème évolue, avec leurs fonctionnalités respectives.

Si la blockchain est l'avenir, alors nous nous devons de percer les secrets de cette technologie naissante et merveilleuse. Pour l'étude concrète de la technologie qui propulse bitcoin et ses pairs. C'est par ici, découvrons le sommaire.

Avant-propos.	1
Introduction.	3
Historique de la technologie	7

Les débuts de la blockchain	7
L'histoire de bitcoin : première application mondiale de la blockchain	9
Comprendre la blockchain simplement	**17**
L'avènement et l'enjeu social	**23**
Une histoire de confiance	23
L'automatisation des taches	26
Les enjeux et les problématiques	31
La blockchain par la technique	**34**
Le système général	34
Blockchain privé & blockchain public	39
Les livres blanc	45
La validation des blocs	47
Introduction a la cryptographie	52
Démonstration Technique :	**61**
Les protocole réseaux utilisé	65
Le minage dans une blockchain	69
Décomposition du réseau en noeud	73
Les Smarts contracts	82
La politique lié à la blockchain	**88**
Etude de cas	**92**
le modèle blockchain ethereum	92
Philip Morris et sa blockchain	96
Mise en garde	**99**

La sécurité dans la blockchain	99
les schémas de ponzi	107
Les ICO	108

Les applications de la blockchain — 110

Pratique : Approche de l'investissement des crypto-monnaies — 115

Les bases de l'analyse technique	116
L'analyse fondamentale	125
L'elliottisme	136

Conclusion — 151

Annexe Dictionnaire — 154

Historique de la technologie

Les débuts de la blockchain

La blockchain est désormais célèbre grâce à sa première application à grande échelle : Bitcoin. Mais la technologie n'a pas entièrement été développée par Satoshi Nakamoto, des esquisses du réseau "peer to peer" ont vu le jour avant 2008...

En 1977, la première description du chiffrement RSA est publiée, ce document relate le concept de clé publique et clé privée. Soit une clé pour chiffrer ses données, et une clé pour déchiffrer les mêmes données.

Dès 1991, Stuart Haber et W. Scott Stornetta ont inventé un protocole informatique permettant l'horodatage des documents. C'est ce système qui permet de ne pas altérer les documents et de garder leur intégrité. Mais cette technologie a été vite oubliée à l'expiration du brevet en 2004, faute d'application concrète...

Un heureux informaticien et cryptographe nommé *Hal Finney* a également publié des documents en 2004 sur la "réutilisable proof of work". C'est avec ce système que nous pouvons résoudre le probleme de la double dépense. Bitcoin s'inspire aujourd'hui encore de ce système.
Concrètement, Le système de Finney se base sur un jeton non échangeable qui fait office de preuve de travail dans le système cryptographique HashCash.
Aujourd'hui, de nombreuses méthodes portent le nom de *Finney*.

Avec toutes ces méthodes citées plus haut, Le mathématicien *David Chaum* a inventé une monnaie digitale appelée DigiCash : une monnaie électronique centralisée et propriétaire basée sur de la cryptographie. DigiCash a fait faillite peu de temps après son lancement.

Dans cette histoire, il est important de retenir que l'inventeur encore inconnu du bitcoin n'est pas à l'origine de la création de la blockchain. La blockchain a été recherchée puis approfondie bien avant 2008. C'est seulement à cette date que Satoshi Nakamoto a su trouver une application mondialement utile à la blockchain, et a su la développer. C'est également à partir de 2008 que la technologie blockchain a fait parler d'elle.

- Satoshi nakamoto n'a pas inventé la blockchain
- Satoshi nakamoto a contribué à rendre célèbre la blockchain
- Satoshi Nakamoto a construit le premier réseau blockchain à échelle mondiale.

L'histoire de bitcoin : première application mondiale de la blockchain

Bitcoin est devenu célèbre grâce à sa bulle spéculative en fin d'année 2017, cette monnaie existe bien pourtant depuis 2008. Mais pourquoi bitcoin ?
Pourquoi cette monnaie existe-t- elle ? et pourquoi un tel avènement de la blockchain ?

Aujourd'hui, beaucoup connaissent bitcoin et la blockchain, et beaucoup l'utilisent également. Cependant le contexte général est moins connu.

Pourquoi bitcoin a-t-il été créé ? Dans quel contexte et pour quel objectif ?

Ce sont des questions auxquelles il faut répondre pour avoir une idée des problèmes que nous éliminons avec la technologie blockchain. Pour répondre à ces questions, je vous propose dans cette section l'histoire du bitcoin. Non pas comme tout le monde la raconte, mais l'histoire du bitcoin dans son contexte économique. C'est pour cela que nous débuterons notre histoire en 2000.

Avant de continuer, il est important de définir quelques notions..

- ❖ la FED : Réserve fédérale américaine en francais, c'est la banque centrale des USA. Celle-ci est constituée de 12 banques. C'est la FED qui définit la politique monétaire des États-Unis. Elle fixe notamment les taux de réserve, les taux d'escompte et dirige les opérations de manière globale. Les décisions de la FED sont déterminantes pour les marchés financiers mondiaux.

- Inflation : L'erreur est de dire que l'inflation est l'augmentation des prix. Ceci est faux, l'augmentation des prix est la conséquence de l'inflation. L'inflation est la création monétaire. S'il y a davantage d'argent en circulation dans un pays. Cet argent perd sa valeur. Il faut alors augmenter les prix pour arriver à la même valeur d'un produit.

- taux directeur : Le taux directeur est un taux d'intérêt principal des banques centrales. Ces banques prêtent aux institutions bancaire privé et commerciale. Le taux directeur agit directement sur la vie d'un pays (aider ou lutter contre l'inflation et le prix de la vie)

- liquidité d'une monnaie : La liquidité est l'accès fluide aux ressources et aux actifs. C'est-à-dire la capacité d'une monnaie à être disponible et retirée en tout temps. L'argent liquide est immédiatement contrôlé par exemple. Ce n'est pas le cas des actifs détenus sur les comptes bancaires où tout le monde ne peut pas retirer d'argent en même temps : la banque ferait faillite. Les placements en assurance vie par exemple, ne sont pas liquides.

Après cet ensemble de définitions indispensables pour comprendre le contexte. Il est temps de passer à notre histoire du bitcoin remis dans son contexte économique.

Pour savoir pourquoi bitcoin a-t-il été créé. Et dans quel environnement économique ?

- 2000

Une politique monétaire adoptée par la Réserve fédérale américaine est trop mal maîtrisée. Cette politique monétaire américaine a causé de nombreux dégâts d'après de nombreux organismes (les grandes banques et compagnies d'assurances aux USA). Lors de l'éclatement de la bulle d'Internet en 2000, la Fed a baissé son taux directeur à 1%, ce taux a été trop bas pendant trop longtemps. Ce qui a causé une création monétaire bien trop forte comparée à la demande annuelle et la montée de bulles sur différents marchés comme l'immobilier ou encore les matières premières.

- 2006

La Fed a augmenté son taux directeur à 5% pour réduire l'inflation grandissante. Cette manipulation a fait éclater les différentes bulles sur les marchés financiers et sur le marché immobilier. Pour conséquence : un renchérissement des mensualités de remboursement des crédits (dans des crédits à taux variable) et des milliers de foyers se sont retrouvés en situation de défaut. Beaucoup d'entre eux ont dû vendre leurs maisons. Mais beaucoup de maisons mises en vente en même temps font encore baisser les prix de vente. Il y a donc également eu une crise immobilière. La baisse des prix de l'immobilier a fait baisser les taux d'intérêt récupérés par les banques à ce moment-là.

- 2007

Toutes les raisons citées plus haut ont fait l'effet boule de neige, une importante crise s'amorce aux États-Unis. Tout d'abord la crise de la liquidité bancaire (banque privée) a conduit les banque centrale à injecter de l'argent massivement sur les banque américaine mais également les banques européenne (les banques sont lié par des taux interbancaire).

9 Août 2007 : La Banque centrale européenne injecte 94,8 milliards d'euros dans le système financier européen pour augmenter les liquidités (la capacité à retirer l'argent d'une banque pour des particuliers.)

- 2008

Ensuite vient la crise de solvabilité bancaire. Les clients des banques (tous les particuliers) n'ont pas pu retirer leurs argents. Même avec la mise en place de ratio "argent par personne" .Les banques n'ont pas pu subvenir aux besoins de leurs clients, c'est le "crash". Les banques qui possédaient des fonds spéculatifs ont été les premiers touchés (les banques australienne, américaine et britannique) puis vient le tour des banques européennes. Les grandes banques d'affaires américaines ont également subi une grande dépréciation de leurs actifs.

Depuis cette crise, de nombreuses pénalités et lois ont été instaurées pour éviter de nouveau une crise similaire.

19 Août 2008 : Un certain **Satoshi Nakamoto** pense que l'on ne peut plus faire confiance au système bancaire ni à tout système centralisé. Des mauvaises décisions et des politiques mal choisies peuvent avoir d'importantes conséquences comme le montre la crise. Satoshi Nakamoto l'a compris et se met alors au travail. C'est le 19 Août que le nom de domaine "bitcoin.org" a été réservé.

1er Novembre 2008, Satoshi Nakamoto publie la spécification de la preuve du concept sur "cryptographie mailing liste".

Satoshi Nakamoto émet ici un système qui permet d'éviter les "krach" par les mauvaises décisions et un système entièrement décentralisé. La décentralisation étant le cœur du bitcoin.

- 2009

Pour offrir un refuge, une sécurité face au système centralisé. Satoshi Nakamoto travaille et crée le premier bloc bitcoin le 3 janvier.

Peu après, la première version du logiciel bitcoin alpha a été rendue téléchargeable et le minage est désormais possible par l'ensemble de la communauté. Ces mineurs vont rendre possible le réseau bitcoin.

en octobre 2009 : la valeur du bitcoin est estimée à 0,00071 € (0,001 USD).

- 2010

Des améliorations sont effectuées sur les logiciels du réseau. Afin de sécuriser les transactions et éliminer les failles restantes. **Satoshi Nakamoto** quitte le projet et nomme **Gavin Andresen** à la tête du projet bitcoin.

7 novembre 2010 : le bitcoin atteint 0,40 € et le bloc 79 400 est miné.

- 2011

Le Bitcoin est désormais égal en montant avec le dollar et l'euro.

juin : Bitcoin reçoit l'attention de quelques médias, une petite bulle spéculative se crée et la célèbre monnaie atteint désormais 28 €. Cette bulle éclate rapidement pour faire redescendre le bitcoin.

- 2012

La banque centrale européenne publie un rapport sur les monnaies virtuelles.

- **Wordpress** émet des solutions pour le paiement en bitcoin.
- La récompense de minage est divisée par deux (tous les 4 ans) et chaque bloc trouvé vaut **25 BTC** tout de même.

- 2013

Le Bitcoin atteint **287 euros.**

2014,2015,2016… Vous connaissez la suite, bitcoin a subi une grande ascension. Mais bitcoin résulte bien d'une crise économique majeure. Cette monnaie a été créée comme une sécurité, c'est un refuge aujourd'hui tout comme l'or.

Aujourd'hui, il est volatile, mais il est saccadé par de grandes ascensions vertigineuses. Depuis la crise sanitaire liée au COVID19, la bitcoin est confortée dans la spéculation de refuge.

Que se passerait-il si nous ne pouvions plus faire confiance en la valeur de nos monnaies d'états comme en 2008 ?

Bitcoin est une alternative aux systèmes centralisés. La monnaie de Satoshi Nakamoto a bien fonctionné vu la valeur de la monnaie aujourd'hui.

Si nous ne pouvions plus faire confiance aux monnaies fiduciaires, alors le bitcoins serait une piste à suivre. Ce qui est paradoxale puisque la monnaie fiduciaire veut dire "monnaie de confiance".

C'est à dire que la valeur intrinsèque de l'euro par exemple, n'a aucune valeur, sa valeur est perçue uniquement parce qu' un consortium européen lui donne de la valeur.

Pour résumer son histoire : Bitcoin est une conséquence et une réponse à la grande crise économique des subprimes. Son créateur a pensé un système pour éviter d'autres crashs boursiers et obtenir une plus grande stabilité ainsi qu'une confiance de la part des utilisateurs. C'est une monnaie à l'initiative d'un particulier pour des particuliers.

*Si vous voulez vous renseigner sur cette période ou mieux visualiser le concept. Le film **The big short : le casse du siècle** offre une vue générale et illustre bien la crise économique de 2008.*

Comprendre la blockchain simplement

Comprendre la blockchain : Ce phénomène nouveau, cette technologie qui propulse Bitcoin et d'autres applications comme litecoin, ethereum et des centaines de projets... Si vous n'avez aucune connaissance technique sur la blockchain ou si vous ne connaissez même pas le terme blockchain...
vous êtes sur la bonne section de ce livre : Tout est expliqué de manière simple ici.

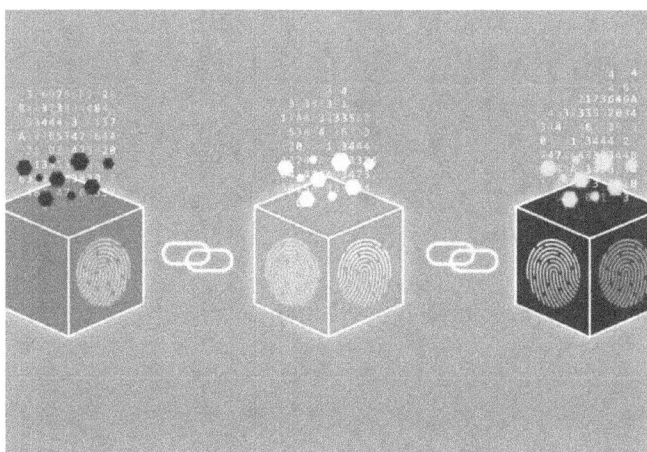

Mais pourquoi la blockchain existe-t-elle ?

La blockchain existe en tant que solution pour de nombreuses activités. Mais en premier lieu, c'était la réponse de Satoshi Nakamoto à la crise de 2008.
Après la crise économique majeure et mondiale des subprimes en 2008, le monde avait moins confiance en l'argent fiduciaire, ce qui est en soi un paradoxe. Pour sécuriser ses fonds et miser sur une monnaie numérique nouvelle et stable. Cette personne ou ce groupe d'individus appelé Satoshi Nakamoto, a créé bitcoin.

La première application digitale basée sur une blockchain à l'échelle mondiale.
nul ne sait s'il a envisager de résoudre d'autres problèmes de la centralisation à l'aide de blockchain.

La blockchain est une innovation en réponse à la crise économique. Mais si elle a perduré après 2008 et a eu un énorme boom en fin 2017, c'est parce qu'elle est aussi maintenue à jour. Depuis 2008, la blockchain bitcoin est maintenue à jour par des développeurs du monde entier. Cette technologie ne cesse d'évoluer et le monde lui accorde sa confiance.

les investisseurs ont investi et le réseau a été maintenu grâce aux mineurs (terme que nous verrons plus tard) et aux internautes adepte.

Concrètement, c'est quoi la blockchain ?

Dans le sens général, une blockchain est un grand registre. Sur ce registre, nous y plaçons toutes sortes d'informations. Cela peut être ce qu'il y a dans le réfrigérateur ou le montant à l'intérieur de votre porte-monnaie. Tout est défini à l'avance, tout est retranscrit sur des blocs (que nous pouvons comparer à la page d'un livre). Tout ce qui se passe sur le registre est écrit dans une page d'un livre. Chaque page contient une trace de la précédente pour garantir l'intégrité du livre.

Quand il n'y a plus assez d'espace pour écrire sur une page, on met alors la trace de cette page sur la suivante, et on commence à écrire une autre page. Continuellement, toutes les pages sont envoyées à tout le réseau. Et c'est là une grande innovation : avant, nous sécurisions les choses en les rendant privés, une seule personne ou une entreprise avait accès à ces choses. Aujourd'hui, la blockchain (le livre contenant les pages) est envoyé à tout le réseau, chacun a une copie et chacun peut voir si sa copie est conforme avec les autres.
C'est une très grande sécurité puisque pour créer une faille, il faut obtenir au moins 50% des livres afin d'avoir une capacité de décision sur le réseau. Pour calculer les transactions, des "mineurs" du réseau utilisent leur puissance de calcul informatique pour écrire les pages.
Pour remettre en situation réelle notre analogie du livre, il suffit de remplacer les pages par les blocs. Et tous ces blocs mis bout à bout forment la blockchain ou chaine de blocs. En effet, la technologie de manière générale est très simple à comprendre. Seulement cela change beaucoup de choses.

Une blockchain est simplement un ensemble d'informations (à propos d'échanges de tout type, suivi du contexte des échanges). Et l'ensemble des informations est ensuite envoyé à tout le réseau pour garantir sa sécurité.

En quoi cela est t'il une révolution ?

Comprenez que la blockchain est une révolution majeure dans l'histoire des transactions. **Pourquoi ?** Tout d'abord, vous l'avez vu, il n'y a plus d'intermédiaire, il y a seulement besoin d'une communauté de mineurs pour que le réseau reste en vie. Cela veut dire que les échanges se passent en P2P (Particulier à Particulier) et sans la présence d'un état ou d'une société.
Il y a alors moins d'intermédiaire et il y a donc moins de marge à payer en frais de transaction. De plus, nous sommes sûrs de sa valeur en tant que particulier. Ce qui n'est pas automatique dans les monnaies d'état lors des crises. Le Bitcoin est donc une monnaie refuge. Sa blockchain le permet.

Une autre révolution est l'envoi réel de valeur. Avant la blockchain, les échanges numériques passaient par une copie du fichier à envoyer, suivi de son envoi. (c'est le processus que nous connaissons avec les torrents P2P : Je mets à disposition un film via un torrent, mais je garde ce film automatiquement).
Imaginez ce processus avec de la valeur réelle comme le bitcoin. Un bitcoin ne peut pas être copié avant d'être envoyé,

cela multiplierait l'argent et le fondement de la monnaie basé sur la rareté s'écroulait.

La blockchain résout ce problème. Elle retrace l'ensemble des transactions et elle permet donc l'envoi d'une valeur réelle. Nous parlons d'argent liquide. Contrairement au système bancaire d'État ou l'argent est non liquide. La blockchain est également une révolution car elle nous permettra de réaliser de grandes choses, même hors du domaine de la monnaie, nous verrons les applications de la technologie plus tard dans ce livre.
La blockchain peut s'appliquer pour décentraliser ou automatiser n'importe quel domaine lié à l'échange et le partage.

Comment la blockchain peut-elle nous servir ? Banque, assurance, notaire, cadastre, congélateur intelligent ou agenda.. La blockchain peut tout faire dans la mesure ou c'est un énorme bloc-notes connecté au reste du monde. La blockchain excelle surtout à automatiser les tiers de confiance et créer des applications P2P automatique. Elle aide grandement à diminuer les coûts pour une entreprise. Tous les applications impliquant des échanges sont modélisables à l'aide de blockchain.

comprendre la blockchain, c'est aussi apercevoir les multiples applications de cette technologie . Certains exemples sont théoriques et à l'état de projet, mais beaucoup sont déjà sur pied avec de jeunes start-up qui nous permettent bien des avantages. A la fin de ce livre, de nombreux exemples d'applications blockchain seront donnés.

L'avènement et l'enjeu social

Une histoire de confiance

La blockchain est une grande histoire de confiance. C'est d'ailleurs pour cela qu'elle est utilisée. Les réseaux blockchain fonctionnent uniquement sur la confiance qu'apportent les utilisateurs aux systèmes. Cela tombe bien car une blockchain est infaillible (ou presque). Nous retraçons ici l'histoire de la confiance liée à la blockchain.

Depuis le début de Bitcoin, nous savions que nous pouvions faire confiance à la blockchain. Le fait que tout soit écrit et distribué dans les nœuds du réseau augmente la confiance et la sécurité.
La blockchain appartient à tout le monde (pour les premières blockchain publiques comme le Bitcoin). Tout le monde peut alors savoir ce qu'il se passe à l'intérieur. Donc, les transactions, les adresses, ainsi que les montants et les conditions de paiement sont ouverts à tous. De plus, les blockchains que nous utilisons au quotidien sont des blockchains open-source. Ce qui signifie que tout le monde à accès au code et qu'elles sont en évolution permanente.

C'est également une garantie de bienveillance et une sécurité pour les utilisateurs finaux que nous sommes.

Par ailleurs, les blockchains utilisent plusieurs technologies pour prouver que le travail a été fait. Et en soi, prouver que les transactions sont valides et donc leur accorder une confiance certaine. Pour accorder cette confiance et prouver qu'une transaction a été effectuée, il faut arriver à un consensus : Quand tous les nœuds d'un même réseau sont d'accord. Généralement on parle de consensus a partir de 51% d'approbation de la part des différents points du réseau.

La confiance, c'est aussi la confiance pour l'avenir

La réussite de la technologie blockchain. C'est aussi une histoire de confiance sociale. Aujourd'hui, les états peuvent prendre des décisions ou faire des fautes, ce qui influe sur la valeur de l'argent. Bitcoin et sa blockchain a été la première application pour créer une valeur refuge digitale. Si la blockchain existe aujourd'hui. C'est parce que le système blockchain est performant, mais c'est surtout parce que des personnes croient en l'avenir de la blockchain et ses applications. Désormais, nous savons que la technologie permet de très grandes avancées. Les applications ont été montrées au public et maintenant, nous avons confiance en la blockchain.

La confiance en cette technologie permet un investissement croissant pour les applications liées à la blockchain appelé Dapps. Ainsi qu'une mobilisation pour la création de blockchain public ou privé, plus ou moins complexe.

Les richesses que soulèvent les ICO (levée de fonds en crypto-monnaie) le démontrent parfaitement bien. Le monde croit en la blockchain : Les projets blockchain ont obtenu des investissements massifs ces dernières années. La population croît également en une monnaie d'échange international sur le long terme. Comme dans beaucoup de domaines. C'est un rêve, un espoir, qui anime la communauté.

La confiance dans la sécurité est tout aussi appréciée.

Les internautes et utilisateurs ont confiance dans la sécurité de la blockchain. Si certaines applications et plateformes d'échanges ont été piratées : Ce n'est jamais la blockchain en elle-même qui a posé problème.

Les internautes ont confiance en la blockchain. Les applications qui se greffent ensuite à cette technologie doivent faire preuve de prudence pour éviter les failles. La blockchain est une grande histoire de confiance, tout d'abord par le côté communautaire. C'est tout le monde qui dispose d'informations. Tout le monde peut donc vérifier la véracité d'un propos.C'est la confiance que procure le système par lui-même. Mais cette confiance s'additionne à celle d'une croyance pour un avenir à base de blockchain.

Les chaînes de bloc ont fait leurs preuves auprès du grand public. C'est maintenant aux entreprises et start-up de proposer des innovations qui permettent des investissements et une utilisation plus généraliste de la blockchain.

L'automatisation des taches

La blockchain a beaucoup de potentiel, c'est ce que nous répètent tous les médias depuis l'avènement du bitcoin. Désormais plus connue, la blockchain a été étudiée et elle permettra à l'avenir de résoudre un certain nombre de problèmes, parmi eux, l'automatisation des taches dans les entreprises et pour les particuliers. Voyons comment la blockchain nous évite des taches répétitives au quotidien. Comment automatiser les taches avec la blockchain ?

Tout d'abord, il nous paraît logique de définir le terme d'automatisation. Automatiser ne veut pas dire enlever ou supprimer des acteurs. Automatiser un système est simplement l'utilisation d'automatisme dans un secteur

défini. L'automatisme a pour but d'effectuer **des taches répétitives et rébarbatives.**
Les systèmes informatiques sont capables depuis longtemps de faire des tâches répétitives, seulement aujourd'hui, elles le font avec plus de discernement et plus de confiance.
La philosophie de la blockchain est l'échange Peer To Peer, ce qui signifie de particulier à particulier, en d'autre termes, la blockchain veut automatiser les tiers de confiance.

Pourquoi je ne parle pas de suppression ? Parce qu'une compagnie d'assurance est un tiers de confiance, et pourtant, nous pouvons faire appel à une compagnie d'assurance qui utilise une blockchain.
Dans de nombreux cas, les services fournis par les entreprises sont plus rentables avec la blockchain. Mais dans de nombreux cas aussi, les tiers de confiance ne sont pas supprimés, leur travail est seulement **mieux** accompli et plus rapide (gain d'argent, gain de temps). Dans notre cas de la compagnie d'assurance, rien ne change, le nombre d'employés est le même, Il en est de même pour le temps de travail accompli.

Aucun acteur est supprimé. Ce n'est pas l'employé qui est automatisé, c'est l'employé qui automatise une grande partie de son travail, il peut alors se consacrer à des taches plus importantes. La compagnie d'assurance est plus rentable parce qu'elle permet un meilleur service à ses clients. La blockchain est surtout un gain de productivité.
À l'avenir, beaucoup de tiers de confiance seront ainsi automatisé ou grandement aidé par la blockchain. Nous

pouvons reprendre le cas de l'assurance, mais il y a de multiples autres occasions de se servir de la blockchain pour automatiser les processus. Nous pouvons citer les banques, les notaires, les mairies et églises, ou même de grandes entreprises comme Philip Morris. Des systèmes privés pourront également s'offrir des blockchains, nous parlerons ici d'exemple comme blablacar, AirBNB ou autres.

Les échanges complexes seront également impactés par la blockchain.
Ces échanges dits "complexes" sont les échanges qui comportent des services ou encore des produits immatériels.

Au temps du troc, les échanges se faisaient de particulier à particulier (P2P), ce modèle a très longtemps porté ses fruits parce que les échanges étaient faciles. Avec le temps, nous nous sommes rendu compte que les échanges P2P serait plus difficile comme c'est le cas par exemple de l'échange d'énergie électrique, c'est pourquoi nous avons créé des institutions qui ont centralisé les processus d'échanges complexes.

Puis avec la technologie, nous nous sommes rendu compte que nous pouvions faire des échanges P2P complexes malgré les difficultés, la solution : Elle se nomme blockchain.
Les échanges entre particuliers sont exécutés désormais beaucoup plus facilement à travers la blockchain. C'est pourquoi elle a beaucoup de potentiel pour les applications futur de cette nouvelles technologie

Le particulier est lui aussi touché par cette automatisation, il bénéficie de produits moins cher puisqu'il existe moins d'intermédiaire dans les chaînes de production et de vente. Et le temps de réception d'un même produit est réduit. Le particulier ou client est donc avantagé.

L'automatisation passe aussi par le nombre de tâches effectuées, Aujourd'hui non seulement les choses se font plus simplement par l'informatique. Mais avec la blockchain, les taches rébarbatives sont éliminées, ce qui laisse place plus rapidement à l'exploitation d'un produit ou d'un service. En clair, tout le monde est gagnant, que ce soit le particulier ou l'entreprise.

Il n'y a plus de "tiers de confiance".. Ce n'est pas exactement vrai : Des entreprises peuvent utiliser des blockchain privées, ce qui est parfois nécessaire pour protéger les informations sensibles.

Le tiers de confiance devient la blockchain en elle-même puisque en cas de litige, c'est la blockchain qui permet d'avoir l'historique des transactions et le détail des échanges.

La blockchain sert également d'archives, ce qui réduit de nombreux processus comparés aux archives papier. C'est un énorme avantage.

Mais comment cette technologie peut-elle faire de telle prouesse ? Comment faisons nous pour avoir autant d'avantage tout en supprimant les intermédiaires ? Comment la blockchain automatisée a-t-elle encore davantage de processus à l'avenir ?

La blockchain a une capacité naturelle : son mode de fonctionnement. Elle comptabilise toutes les transactions pour en arriver à un instant T, au lieu de simplement vérifier le compte a un instant T. Cela change tout, des traces sont gardé, et la sécurité est accrue.
La chaîne de blocs enregistre tout et fonctionne avec des algorithmes, elle peut alors détecter des événements pour lancer des échanges automatiquement. La blockchain est l'innovation de l'automatisation.

La blockchain nous sert a créé des outils sur-mesure qui nous serviront à automatiser les processus d'aujourd'hui et de demain.
Au-delà de la prouesse native de la blockchain, à l'avenir, plusieurs autres technologies se mêleront à la blockchain pour améliorer encore le système : Le Big Data et l'intelligence artificielle en sont deux exemples.

Les développeurs et mathématiciens pourront se servir des données massives générées par la blockchain pour améliorer encore les services. À l'avenir, je pense également que le Big data sera incorporé de manière automatique à la blockchain pour le bien de tous.

Quoi qu'il en soit, si la blockchain est devenue autant célèbre, c'est parce qu'elle a un certain nombre d'avantages, un de ces avantages est **l'automatisation**. Cette automatisation est déjà bien entamé

A l'avenir, ces systèmes seront dotés de technologies encore plus puissantes et agiront avec encore plus de discernement. L'automatisation sera encore plus présente dans les processus. De nombreux problèmes seront résolus.

Les enjeux et les problématiques

Le registre distribué et décentralisé est une technologie de taille, qui va révolutionner l'échange et la communication entre particuliers.
Il y a d'autres technologies en plein essor qui seront utiles à utiliser en complément de la blockchain. Je parle ici notamment de l'intelligence artificielle ou du Big Data.

La blockchain est une technologie d'échange de de communication. L'intelligence artificielle (IA) et la Data Science sont utilisées pour répondre à des problèmes de prise de décision. Ces deux 3 technologies sont parfaitement complémentaires.

Tout d'abord, l'intégration d'échange via des programmes informatiques (smarts contrats) sont un atout majeur. Si un algorithme mathématique et informatique peut prendre une décision pour influer sur un échange. Alors nous pouvons régir les échanges en fonction des programmes.

Ces même programmes peuvent comporter des solutions liées à l'intelligence artificielle ou à la data science.

Concrètement, des échanges sont fait tous les jours. Et la blockchain enregistre toutes les transactions et leurs contextes. La blockchain dispose donc de données conséquentes et bien organisées. A partir de ces données enregistrées, le Big Data est utilisé pour définir des tendances statistiques et algorithmiques. Ce sont en quelque sorte des modèles qui prévoient des événements selon des statistiques. Ces modèles alimentent ensuite des intelligences artificielles pour prendre des décisions et créer d'autres échanges...
Ces autres échanges alimentent la base de données... etc...

L'algorithmie des échanges va évoluer pour devenir plus automatique. Aujourd'hui : Des assurances s'appuient sur la blockchain pour rembourser leurs clients plus rapidement et sans intermédiaire administratif. Demain : La blockchain communiquera avec des services externes (API) pour prendre des décisions clé. A l'aide de l'IA et du Big Data.

Le Big Data pourra également assurer la cohérence des données. Avec ses modèles statistiques définis au préalable, et avec assez de données. Elle pourra évaluer elle-même l'intégrité des échanges, c'est une sécurité supplémentaire face aux enjeux sécuritaire de demain.

A terme, la blockchain s'occupera des échanges, mais elle détectera également les fraudes et les risques de fuite de données. Elle pourra décider de délivrer des données particulières selon un certain statut. Comme partager les données d'un patient en hôpital, uniquement à la justice ou à l'assurance..

Éthique des échanges automatique

Les échanges deviennent de plus en plus automatiques avec la blockchain, faut t'il en avoir peur ?

Il est vrai que la blockchain et ses informations existent tant que le réseau est présent. Les informations sont donc très sécurisées et inviolables. Si l'on intègre une prise de décision à la blockchain. Elle sera alors capable de décider pour nous, et cela paraît dangereux, comment répondre à ce probleme ?

Premièrement, cela dépend du domaine d'applications. Si la blockchain doit choisir une voiture parmi le parc automobile de taxi d'une entreprise pour vous servir en tant que client. La sécurité n'est pas engagée pour les personnes, c'est seulement l'économie de l'entreprise qui emboutit et possiblement le temps d'attente d'un taxi...Mais ce ne sont pas des décisions primaires liées à la sécurité ou avec beaucoup de valeurs. Ce sont donc des décisions que l'on peut confier à la blockchain pour améliorer l'ergonomie client.

Deuxiemement.Je pense que les décisions trop importantes devront être régulées par des personnes qui contrôlent les décisions. Cela prendra toujours moins de temps de contrôler une décision-résultat, que de réfléchir pour prendre une décision. Des hommes pourront donc contrôler les décisions prises par la blockchain. Dans le cas où les décisions seront trop nombreuses pour être contrôlé. Un système de test sera mis en place. C'est un algorithme à part qui définit la rationalité d'une même décision. Ce programme étant installé à la fin de la chaîne de commande, il peut garantir la sécurité d'un choix effectué. Quoi qu'il en soit, des experts chargés de l'éthique des échanges analysent ces questions en ce moment même et dans le futur, les échanges seront sécurisés.

La blockchain par la technique

Le système général

La blockchain est simple à comprendre si on la considère dans sa globalité. Ce n'est qu'un grand livre sur lequel nous écrivons tout ce qu'il se passe.
Nous écrivons chaque transaction avec l'expéditeur et le destinataire de l'échange. Nous écrivons également les conditions de l'échange (contrat intelligent) et tous ses attributs. Ce grand registre est crypté et découpé en plusieurs pages.

Chaque page contient le chiffrage de la précédente (hash). Cela permet de relier les pages du livre entre elles.
Ces pages qui forment un livre, c'est ce même phénomène qui s'exécute pour les blocs et la chaîne de blocs.

Ce registre ou tout est écrit, est ensuite distribué à tout le réseau, pour que chacun puisse vérifier son intégrité a un instant T.
Ainsi, si quelqu'un modifie la blockchain sans autorisation préalable, il ne modifiera qu'un seul nœud réseau de la blockchain, et non pas tous les nœuds du réseau. Cette modification n'arrivera pas à atteindre le consensus et sera rejetée.

Le consensus est atteint lorsque la majorité du réseau est d'accord sur une transaction. C'est un système viable pour prouver qu'une modification a été effectuée. C'est une fonctionnalité à l'image d'un vote entre les nœuds du réseau.

La blockchain permet de décentraliser des échanges, ces échanges se passent donc de particulier à particulier (Peer to Peer). l'avantage est l'automatisation ainsi que la confiance accrue accordée au système.. la blockchain est dotée des fonction de banque (pas de double paiement, vérification des plafonds et soldes disponible..)

Mais comment avoir les avantages et les fonctionnalités d'une banque, sans banque ?

3 solutions dans ce cas s'appliquent:
- La première solution se trouve dans l'algorithme, les mathématiques et l'informatique. Les programmes informatique sont capable de créer des conditions de paiements (mensuel, journaliers, et paiement conditionnel : SI la somme envoyé est inférieur ou

égale à la somme posséder, alors procéder à une transaction...)
- La deuxième solution se trouve dans la manière de faire les comptes. Ainsi les banques courantes européennes comptent l'argent a un instant T.
A cet instant T, nous prenons une sauvegarde de la base de données et nous y ajoutons les derniers échanges pour déterminer la somme actuelle des comptes.
Avec la blockchain, rien n'est pareil. La blockchain ne sait pas et n'enregistre pas ce que nous avons a un instant T. En revanche, elle dispose de tout l'historique des transactions de son histoire. Avec tout l'historique en sa possession, elle est ainsi capable de déterminer la valeur possédée par les utilisateurs à un instant T.

La dernière solution : c'est le minage. Pour calculer les transactions de la blockchain, les mineurs interviennent. Non, les mineurs ne sont pas en train de travailler dans les mines de bitcoin sous terre. En fait, les mineurs sont ceux qui effectuent des calculs avec leurs ordinateurs pour faire fonctionner la blockchain. La blockchain a besoin de ressources de calcul pour fonctionner. Globalement, les mineurs essaient de calculer une solution pour vérifier un paiement à l'aide de hashs. Il ont également le rôle d'ajouter l'en-tête des blocs afin de les identifier, puis ils ajoutent l'heure et le contexte du moment.., enfin il assemble tous les blocs entre eux pour relier les blocs.. et former la blockchain.. Nous verrons le concept du minage en détail plus bas.

Comment assembler les blocs entre eux ?

C'est une manière simple de procéder mais efficace. Chaque bloc contient dans son entête, le hash du bloc précédent.

voici la chaîne de bloc modélisé de manière simple (voir figure suivante). Les mineurs ont simplement le rôle d'assemblage des blocs puis de la validation des transactions à l'aide de hashs.

Note : Nous ne rentrons pas ici dans le détail de la validation d'une transaction à l'aide de hash car ce processus est complexe et relève de la cryptographie et des mathématiques dont nous parlerons plus loin.

Bloc 1	Bloc 2	Bloc 3
Entete : Heure	Entete : Hash du bloc 1	Entete : Hash du bloc 2
Entete : Contexte	Entete : Heure	Entete : Heure
	Entete : Contexte	Entete : Contexte
Hash n°1	Hash n°1	Hash n°1
Hash n°2	Hash n°2	Hash n°2
Hash n°3	Hash n°3	Hash n°3
Hash n°4	Hash n°4	Hash n°4
....	....	....

La blockchain est un grand registre où toutes les transactions sont enregistrées. Puisque nous avons l'historique des transactions, nous pouvons déterminer qui possède quoi a un instant T. Ce grand registre est ensuite distribué à tout le monde (en divers nœuds) pour que tout le monde puisse vérifier l'intégrité du registre et donc assurer sa sécurité.

La blockchain utilise plusieurs moyens fonctionnels pour faire vivre le réseau, c'est le cas du minage qui sert à vérifier les transactions et de la cryptographie pour chiffrer et déchiffrer les transactions. C'est avec ce dernier système que les utilisateurs ont accès au wallet (clé publique, clé privée).

A partir de cette partie généraliste sur la blockchain, nous pourrons étudier le fonctionnement de celle-ci plus en détail. Nous étudierons donc la cryptographie, le minage, la blockchain privé et public, les smarts contracts et bien d'autres choses…C'est parti !

Blockchain privé & blockchain public

Étudions tout d'abord la blockchain publique.
La blockchain publique est la blockchain type qui a émergé en premier avec le bitcoin. Dans cette blockchain, tout le monde peut participer dans le réseau, il n'y a pas de prérequis pour télécharger un nœud bitcoin par exemple (ou le wallet 'Mist' obligatoire pour participer au réseau ethereum).
Le minage de ce type de chaîne peut se faire également avec des ordinateurs totalement inconnus. Tout le monde peut miner et tout le monde peut également voir l'ensemble des transactions.
La blockchain publique a une **totale transparence et un accès illimité sans prérequis**. Ce qui n'est pas le cas dans une blockchain privée. La blockchain privée est une blockchain qui fonctionne en Peer To Peer avec un système de validation. En soi, c'est une chaîne de blocs tout à fait classique avec les mêmes fonctionnalités techniques sur le réseau.
Cependant les utilisateurs des chaînes de bloc privé ne sont pas choisis au hasard et il existe des prérequis pour participer au réseau. Ce qui rend la blockchain un peu plus centralisée.

De nombreuses personnes prétendent que le choix et la sélection des utilisateurs est un choix plus sécuritaire pour les réseaux de manière générale.
Les blockchain privées ont un caractère **plus confidentiel, des informations sensibles sont volontairement cachées pour garantir la sécurité de l'utilisation**. Le niveau de confiance

accordé à l'utilisateur dans une chaîne privée est supérieur à celui d'une chaîne publique. Tout cela rend le réseau plus difficilement perturbable.

Les membres participant à une blockchain privée doivent avoir été auparavant acceptés puis ensuite déclarés par l'entreprise afin de commencer à participer au réseau.

Vous pouvez devenir membre d'un réseau privé en effectuant une demande auprès de l'entreprise qui administre la blockchain privée que vous visez. Mais ce sont souvent les employés ou les fondateurs d'entreprise qui sont les seuls autorisés à être membre dans le réseau. Quelques blockchains privées sont maintenues par une entité humaine seulement.

De manière générale, les monnaies virtuelles avec l'objectif de servir comme moyen d'échange optent pour des blockchain publiques. Alors que les entreprises elles, veulent des blockchains privés pour garantir l'intégrité des informations **sensibles**, et potentiellement garder un certain **contrôle** sur les acteurs de la blockchain.

Dans certains cas, la privatisation et la confidentialité de l'information sont positives pour le grand public.

Blockchain de consortium et blockchain privé

La blockchain publique a été définie précédemment ainsi que la blockchain privée. Il existe cependant un deuxième type de blockchain privé qu'il est important de connaître. C'est la blockchain consortium.

Cette blockchain est gérée par un consortium tout simplement. Les membres sont toujours soumis a des prérequis pour entrer dans le réseau et participer au bon déroulement de celui-ci. Seulement les propriétaires du réseau changent dans ce type de blockchain privé. Les propriétaires de blockchain consortium sont :

- Des groupes d'entreprises qui ont des valeurs communes. Ces entreprises mettent leurs ressources en commun pour développer un réseau qui sera bénéfique à toutes les entreprises participantes. Ces entreprises ont un objectif d'optimisation, une quête d'informations ou des processus à éliminer.
- Un ensemble de particulier comme vous et moi qui décident de créer une blockchain sélective pour répondre à un besoin particulier

La blockchain consortium est définie comme une blockchain hybride dans le sens où plusieurs acteurs sont en jeu, mais la blockchain n'est toujours pas ouverte à tous. C'est une blockchain **communautaire limité**

Aspects lucratif de la blockchain privée et succès général

Les blockchain privés ont-ils un aspect lucratif que l'on ne retrouve pas dans les blockchain publiques ? Quel est l'utilité pour une entreprise de créer une blockchain ? Tout cela a-t-il un impact pour la clientèle d'une entreprise ?

Tout dépend de l'entreprise et du but de la blockchain. Dans la plupart des cas, la blockchain privée propose un service à ses utilisateurs et répond à un besoin de l'entreprise. La blockchain permet d'optimiser les processus au sein d'une entreprise. Comme par exemple la transaction automatique d'une indemnisation d'assurance : Le client assuré est remboursé plus vite, et il n'y a pas de main-d'œuvre du côté de l'assureur. C'est une stratégie gagnante qui permet d'optimiser le temps des employés ou d'optimiser le travail.

C'est un gain en temps pour l'entreprise émettrice de la blockchain, c'est donc un gain d'argent. Le temps économisé et les ressources gagnées avec la blockchain permettent également de réduire les coûts de production ou le coût à la tâche des employés. Une entreprise équipée de blockchain propose donc des produits moins chers s'ils appliquent la même marge que les entreprises ne disposant pas de chaîne de blocs.

La blockchain privée est donc utile aux entreprises et à un réel impact pour le client/consommateurs.

Les chaînes de bloc publiques ont-elles le même avantage ?
En réalité, les chaînes de bloc publiques sont l'équivalent de l'open-source. Tout le monde peut voir l'historique et tout le monde peut participer au projet.

L'aspect public est pensé différemment au niveau économique. Un propriétaire d'une blockchain publique mise souvent sur la spéculation de ses propres tokens ou sur les économies en ressources et en temps. Alors que le propriétaire d'une blockchain privée mise sur le système gagnant-gagnant.

Une entreprise peut très bien créer une blockchain publique (sans prérequis pour les participants du réseau) pour répondre au besoin de son entreprise. Mais les entreprises sont souvent soumises à des confidentialités, c'est pour cela que la blockchain publique appartenant à une entreprise est tout simplement très rare.

Les entreprises ne font pas encore assez confiance dans la blockchain public, ce n'est pas dans la logique des PME ou grandes entreprises qui sont encore dans un système de centralisation.

Éthique : La privatisation, un tiers de confiance malgré tout ?

La blockchain privée est un paradoxe, en effet, la blockchain est née pour supprimer les tiers de confiance et les systèmes centralisés afin de laisser la place au système dit P2P (Peer To Peer) et donc décentralisé. Les éco-systèmes privés fonctionnent de manière P2P également, les échanges se font en "personne" et non pas de manière indirecte comme le font les banques avec l'euro. Mais la partie décentralisation voulue par la blockchain est atténuée avec le caractère privé d'un réseau. Avoir un contrôle sur les droits d'accès et les acteurs du réseau, c'est avoir la main mise sur un réseau pour protéger des informations.

La privatisation d'une blockchain est donc avantageuse et propose des stratégies gagnant-gagnant pour le/les fondateurs et également pour les consommateurs. Mais il faudra s'abstenir de transaction en blockchain privé si vous ne voulez aucun tiers de confiance.

Chaque chaîne de bloc a ses avantages ainsi que ses inconvénients. Mais il n'y a pas une blockchain qui est supérieure à l'autre. Il y a uniquement des cas différents. C'est pourquoi beaucoup d'entreprises et de particuliers réfléchissent encore à l'utilisation de celles-ci.

Les livres blanc

Véritable bible pour les utilisateurs finaux ainsi que pour les développeurs d'applications décentralisés : Les livres blanc ou white papers sont des documents qui informent sur la nature d'un projet ainsi que ses caractéristiques.

Le concept du livre blanc n'est pas natif des crypto-monnaies. Ce terme était déjà utilisé en politique puis par la suite dans le domaine du marketing.
En monnaie digitale, le white papers est un format très utilisé pour décrire des projets. Surement très utilisé parce que c'est un des seul moyen de communication également utilisé pour lancer bitcoin par satoshi nakamoto.

Certains livres blanc décrivent le projet dans leurs généralités, tandis que d'autres sont exhaustif et n'oubli pas une fonctionnalité de leur projet.

Ainsi, avec un livre blanc, les utilisateurs et les développeurs connaissent la monnaie et son réseau.

Documenter son projet à l'aide d'un white paper, c'est également apporter des informations et améliorer la confiance et la transparence pour le public et d'éventuels investisseurs..

Le livre blanc rédigé par Satoshi Nakamoto pour bitcoin fait exactement 8 pages. Ce document est disponible sur bitcoin.org. Bien que légèrement compliqué à lire, ce type de document est très concis et informatif. Ces white papers utilisent souvent des schémas. Ce sont avant tout des documents grand public destinés à l'éducation d'un projet.

Le livre blanc n'est pas un document obligatoire, c'est néanmoins devenu une norme, mais cela reste informatif et bon pour le marketing.

La validation des blocs

Comment déterminer si une transaction ou un bloc est valide ? Une étape de vérification de l'intégrité des blocs est indispensable pour donner aux blocs leur immuabilité.

Cette étape de vérification est la preuve de travail pour la blockchain bitcoin. Mais ce n'est pas la seule technique pour prouver l'intégrité des blocs.
Notez que la vérification des blocs est intimement liée avec le système de minage. Les mineurs vérifient les blocs.
Regardons les différentes techniques, ainsi que leurs avantages et inconvénients dans l'écosystème blockchain.

- Preuve de travail (Proof of Work)

Le système de preuve de travail, en anglais Proof of work, confère un très haut niveau de sécurité dans la blockchain. C'est le système de validation utilisé pour le bitcoin.

Auparavant utilisé pour lutter contre le spam et les attaques par dénis de service, cette méthode qui vérifie les blocs par le travail est aujourd'hui une des mécaniques principales de la blockchain.

La méthode consiste à fournir une puissance de calcul pour vérifier les blocs. D'une manière cryptographique, les blocs sont hachés pour être transformés en chaîne hexadécimal à longueur fixe. Ce qui signifie qu'un hash peut être très facilement calculé par un ordinateur à l'aide d'une fonction mathématique. Mais faire le calcul en sens inverse est très complexe puisqu'il faut tester des combinaisons de hash differents et en très grand nombre.

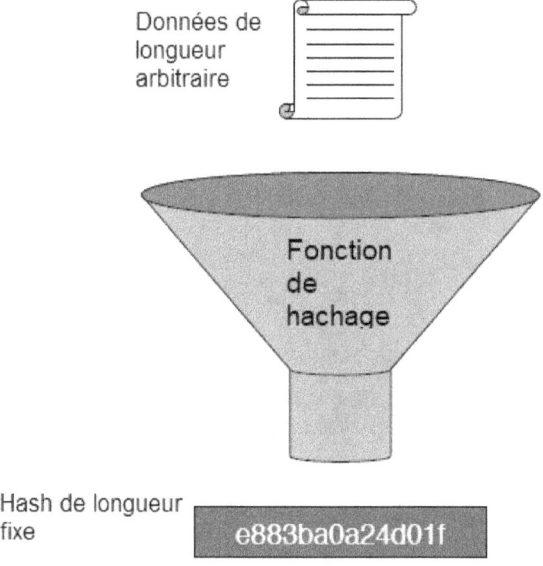

Concrètement, à partir d'un document pour le hacher, c'est simple et rapide pour un processeur. Mais partir du hash pour déterminer la donnée originale, c'est un long travail aléatoire qui consiste à tester différentes combinaisons. De la même manière que les attaques de brute-force.

La preuve de travail consiste à vérifier les blocs, pour cela il faut calculer une valeur numérique qui soit telle que sa combinaison avec le reste des données dans une fonction de hachage cryptographique permette de produire un hachage qui soit en dessous d'une valeur numérique donnée.

Chaque bloc est un ensemble de transactions. Ces blocs sont passés dans l'algorithme de la preuve de travail par les mineurs.
L'objectif des mineurs est de trouver un nombre appelé "nonce". Ce nombre doit correspondre cryptographiquement au hash de l'ensemble des autres informations non hachées. C'est avec ce nombre que le bloc sera validé par le système.

Malheureusement, comme son nom l'indique, la preuve de travail est une preuve effectuée avec beaucoup de calculs aléatoires. Cette méthode est donc très énergivore. De plus, l'ensemble des blocs est grandissant, chaque jour il y a de nouvelles informations intégrées au calcul final. La difficulté augmente donc au fur et à mesure que la blockchain continue. C'est pour cela que miner devient de plus en plus difficile pour les particuliers. Même s'il s'assemble en pools.

- Preuve d'enjeu (Proof of stake)

La preuve d'enjeu est le mécanisme de vérification le plus populaire parmi les technologies qui n'utilisent pas le proof of stake.
Cette solution est moins efficace que la preuve de travail, mais elle fait tout de même ses preuves et est candidate pour la solution du futur.

La preuve d'enjeu vérifie les blocs en plaçant de la confiance dans les utilisateurs. Ainsi chaque jetons d'une crypto-monnaie que possède un utilisateur a une valeur de confiance, et cette valeur est pondérée par l'ancienneté du token.

Exemple : Si *alice* a 100 tokens d'une crypto-monnaie basé sur la technologie proof of stake, et qu'elle possède ces tokens depuis 10 jours, nous pouvons lui attribuer une confiance de
$100 \times 10 = 1000$

Bien que ces valeurs soit à titre d'exemple, ce système est réellement basé sur ceux qui possèdent les actifs. Plus un utilisateur a de token, et plus il ont d'ancienneté.. Plus cet utilisateur a de notoriété sur le réseau.
Ces utilisateurs serviront ensuite de validateurs de bloc, à la hauteur de ce que chacun possède.
Cette technologie possède plusieurs avantages.
- Consommation d'énergie peu élevée.
- pas de matériel onéreux indispensable, un simple ordinateur peut valider un bloc.

- risque de centralisation réduit (dans la preuve de travail, la puissance de calculs est assemblée par les grandes entreprises, ce qui leur donnent du pouvoir).
- Une personne ne peut pas racheter 51% du total des jetons en circulation. Bien souvent, ces tokens sont distribué équitablement et une partie est également garder par l'entreprise émettrice

La preuve d'enjeu fait ses preuves sur le papier, elle paraît fiable. Cependant elle n'est pas utilisée à très grande échelle par les blockchains les plus connues. Elle évolue donc dans l'ombre de la preuve de travail qui a une bien plus grande notoriété (depuis plus de 10 ans).

- Preuve d'enjeu déléguée (Delegated proof of stake)

La preuve d'enjeu déléguée est une méthode similaire a la preuve d'enjeu pour atteindre un consensus de validation de bloc dans une blockchain. La ou la preuve d'enjeu place la confiance directement dans les utilisateurs et ou chaque jeton pondéré par l'ancienneté a une valeur de validation. La méthode déléguée place la confiance dans des ... délégués.
En effet, la valeur de validation de chaque utilisateur devient un pouvoir de vote pour délégué. Ce sont ensuite ces délégués (utilisateurs intermédiaires) choisis selon leurs valeurs de confiance qui valident les blocs.

Le système est similaire a la preuve d'enjeu, mais une étape supplémentaire est ajoutée pour augmenter la sécurité de la méthode de validation.
Cette technique fait beaucoup parler d'elle depuis quelques années. Les projets Lisk, NEO et cardano utilisent entre autres, cette méthode.

Plusieurs techniques sont utilisées pour valider les blocs. Dans tous les cas, l'objectif est d'arriver à un consensus, un accord entre tous les nœuds du réseau pour valider un bloc.
Il est possible que des méthodes nouvelles apparaissent, car la méthode encore utilisée majoritairement aujourd'hui est très énergivore. Mais en attendant ces nouvelles méthodes.. Les méthodes actuelles nous permettent de garantir la sécurité de nos blockchains.

Introduction a la cryptographie

Vous commencez à connaître la blockchain dans sa théorie, vous comprenez bien les différents fondements de cette technologie novatrice. Cependant Si vous voulez aller plus loin (comprendre les notions avancées ou développez une blockchain). Il vous sera indispensable de connaître les fondements de la cryptographie. Cette section est donc une introduction à cet art qu'est la cryptographie. Nous verrons des notions théoriques sur ce sujet, mais aussi des notions pratiques et appliquées à la blockchain.

La cryptographie est un art fascinant et important pour comprendre le côté technique de la blockchain. Cette discipline est utilisée à de nombreuses reprises dans le protocole de transmission des données.

La cryptographie est l'art de protéger les messages pour les rendre inaccessibles à ceux qui ne connaissent pas le code de déchiffrage. Il ne faut pas confondre la cryptographie qui est l'art de protéger des messages et la stéganographie qui est l'art de dissimuler des messages.

Cryptographie est un mot grec "Kruptos" qui veut dire "écrire cacher". L'étymologie de ce mot illustre bien son utilisation. Cette science qui fait partie de la cryptologie (cryptographie, écriture secrète, cryptanalyse…) utilise dans la plupart des cas des notions mathématiques comme l'arithmétique modulaire, l'algèbre, la théorie de complexité et informations, ou encore les codes correcteurs d'erreurs. Nous n'entrerons cependant pas dans ces détails…

La cryptographie a été inventée dans l'Antiquité pour rendre secret des recettes de poterie. Depuis, cette discipline s'est transformée en art puis en science au XXIe siècle.
L'information joue un rôle majeur dans la société d'aujourd'hui. Protéger celles-ci est un vrai objectif pour beaucoup. Il s'agit là de communiquer avec discrétion. La cryptographie a été utilisée pendant les deux grandes guerres mondiales, les machines de chiffrement permettaient de transmettre des informations primordiales. C'est avec ces sciences que l'informatique a su évoluer.

Lors des guerres, la cryptographie a su assurer les communications confidentielles, qu'elles soient diplomates, militaires ou civils. La discipline a permis aussi de créer des signatures et d'authentifier des personnes. Toujours dans un objectif de sécurité.

Enigma est un grand exemple, les appareils Enigma (Enigma est une gamme de machines) sont des machines électromécaniques utilisées aux environs de la Seconde Guerre mondiale.

Elles permettaient de chiffrer et déchiffrer des informations. Enigma fut utilisé par les Allemands principalement, elle paraissait inviolable dans le niveau de sécurité de ses documents. Cependant après de longues études, Enigma a pu être déchiffré grâce au mathématicien cryptologue **Alan Turing** notamment.

La blockchain n'aurait sans doute pas existé sans Alan Turing qui est encore considéré aujourd'hui comme le père de l'informatique moderne.
Celui-ci est d'ailleurs la personnalité qui représente l'art de la cryptographie a la perfection, il a permis de déchiffrer la machine Enigma grâce à à ses nombreuses études et avancée sur la décidabilité arithmétique, le codage de la voix et les concepts de programmation, la blockchain n'aurait sans doute pas existé sans Alan Turing.

La cryptographie est utilisée partout dans la blockchain, comprendre la cryptographie et les concepts de base du domaine vous seront très utile pour mieux aborder le côté technique de la blockchain.

La sécurité de la blockchain est principalement basée sur la cryptographie. La blockchain utilise la cryptographie asymétrique pour parvenir à ses fins. Ce qui veut dire qu'il existe une distinction entre les données public et privé au sein d'un même réseau. opposé à la cryptographie symétrique qui manipule uniquement des données privées que possèdent tous les participants.

C'est pour cela qu'il existe dans les blockchain des **clés privés** et **clés publiques**, nous verrons cela en détail plus bas dans la section.

Concrètement, dans un réseau blockchain. Toute l'information des échanges est distribuée à travers les nœuds du réseau (téléchargeable pour les blockchain publics). Tout le monde possède les informations et les différents échanges. Auteur, montant, destinataire, tout est écrit. Seulement tout se passe avec les clés publiques, c'est avec la clé privé que l'on peut obtenir les donnée privée confidentiel.Toutes les transactions sont écrites dans une blockchain, mais toutes ces transactions ne sont pas écrite clairement dans les blocs, parce que la place occupée par les transactions en terme de mémoire serait trop grande, et pour des question d'éthique également.

C'est pour cela que la blockchain utilise également des fonctions de hachage pour réduire la place occupée. Et également pour dissimuler l'information et sécuriser celle-ci.

En effet, le hash est un acte irréversible, on ne peut pas retrouver une donnée avec son hash associé (ou difficilement par "brute-force", comme les mineurs) . On sait en revanche qu'une donnée donnera toujours le même hash. C'est une opération à sens unique.

Note : lors du minage, vous calculez et testez les hashs pour vérifier les transactions. Bitcoin utilise Hashcash comme système de preuve de travail. Pour une chaîne de caractères donnée. Il faudra ajouter une chaîne aléatoire pour que le hash de l'ensemble soit inférieur à un seuil donné (le seuil varie selon le nombre de mineurs). Avec la fonction de hachage SHA 256.

La blockchain utilise trois principales notions de cryptographie : Les clés de chiffrement, les algorithmes asymétriques et les fonctions de hachage. Je vous présente donc ici toutes ces notions. -

Clé publique et Clé privé : Les clés de chiffrements
La paire de clés est l'élément de base du chiffrement asymétrique, c'est le chiffrement qu'utilisent les blockchains. Pour participer au réseau et pouvoir échanger sur celui-ci.
Chaque utilisateur doit se munir d'une clé publique et d'une clé privée. La clé publique peut être partagée avec tout le monde comme son nom l'indique, il n'y a pas de risque de sécurité. L'autre clé est la clé privée, Cette clé est utilisée pour le déchiffrement.
La clé privé ou clé secrète doit rester privé, afin d'être sûr que vous êtes le seul à pouvoir déchiffrer ce qui vous concerne. Dans le cas de crypto-actif, ce sont les tokens que vous

possédez qui sont en jeu. Les deux clés sont appelées clé de chiffrement.

- **les algorithme asymétrique (ECDSA pour bitcoin)**

Bitcoin et la majorité des blockchains utilisent des algorithmes asymétriques, Bitcoin utilise la technologie ECDSA (mise à jour en 2001) pour générer une paire de clés. Cet algorithme est également utilisé pour les signatures numériques et la vérification de leur authenticité.

Pour effectuer tout cela : Un algorithme comme ECDSA calcule la clé public à partir de la clé privée, ce qui fait une association entre les deux clés et une preuve d'authenticité. Comme toutes les transactions sont enregistrées sur le réseau. La blockchain peut savoir combien vous détenez en vous retraçant. Effectivement, la blockchain n'enregistre pas combien vous avez en un instant T, mais elle calcule toutes les transactions pour savoir combien vous avez sur le moment.

Il existe d'autres algorithmes asymétriques comme le RSA ou l'El Gamal , mais ce ne sont que des formules mathématiques pour associer une paire de clés de chiffrement.

À partir de cette association, tout peut être effectué. C'est pourquoi je ne vous présente ici que le principe. Une démonstration de l'algorithme ECDSA sera effectuée plus bas.

- **La fonction de hachage (MD5, SHA-1,SHA-256)**

La fonction de hachage transforme un mot comme "blockchain" en "ba4508fpfd5fdvsfrth4z".

La fonction de hachage est utile pour écrire sur la blockchain. Il n'y a pas écrit le détail des transactions en clair, mais les hashs de celles-ci. Cela permet de protéger l'information et de réduire l'espace d'écriture (Un roman haché pourra s'étaler sur 15 caractères seulement). Il est impossible de modifier un message sans modifier sa valeur de hachage, chaque chaîne de caractères identique à un hash identique. Et il est également impossible d'avoir un hash identique avec des chaînes de caractères différentes. Le hash a une valeur de vérification.

Bitcoin utilise la fonction de hachage SHA-256 qui est une fonction standard beaucoup utilisée dans l'informatique. Bitcoin hash les informations sur 256 bit (SHA256).

Si vous voulez davantage de renseignements sur le SHA256, vous pouvez aller voir la page Wikipédia qui sera plus complète, attention tout de même, les notions mathématiques présentées dans ce protocole sont relativement **avancées.**

Nous poursuivons notre étude de la cryptographie avec un peu plus de pratique et une démonstration..

- **Méthode** simple d'exemple

Il existe des méthodes simples pour protéger un message. Il suffit généralement de créer un protocole ou d'assigner une correspondance a chaque symbole. Par exemple , nous pouvons dire que chaque lettre doit recevoir + 1 pour être chiffré et protégé.

A deviendra B ; B => C ; C =>D ...

Le mot "blockchain" sera lu "cmpdldibjo" par quelqu'un ne disposant pas de la clé de déchiffrage.

+1 sera donc la méthode de chiffrement, et -1 sera la clé de déchiffrage.

Nous pouvons bien évidemment additionner ou complexifier les méthodes de chiffrement pour complexifier le déchiffrage.Les majuscules pourront avoir d'autres correspondances, parfois ces correspondances ne sont pas des caractères latins, ou sont uniquement des chiffres associés. Nous pouvons également définir des fonctions plus complexes (équation ou autre).

Voici la méthode de chiffrement par correspondance :

Nous définissons une valeur à chaque caractère :

B = 150 ; L = 12 ; O = 84 ; C = 794 ; C = 001 ; C = 56; H = 41; A = 999; I = 46 ; N = 10;

Le message crypté sera "150128479400156419994610" : Ce message est la valeur crypté du mot BLOCKCHAIN.

Notez que pour un chiffrement par correspondance, il n'y a pas de fonction de déchiffrage (+1 comme vu précédemment ou *"x+3x-4"* par exemple) mais un simple dictionnaire en possession du destinataire ou ont répertorié les correspondances.

Démonstration Technique :

- Méthode de cryptographie de bitcoin : ECDSA

ECDSA signifie Elliptic Curve Digital Signature Algorithm. C'est l'algorithme qui assure la génération de paires de clés privées et publiques. Ces deux données sont mises ensemble et sont obligatoires pour obtenir une signature numérique. Tout l'art de cet algorithme consiste a vérifier qu'une valeur se trouve bien sur une courbe elliptique donnée. La NIST recommande d'utiliser les courbes P192, P224, P256, P384 et P521. Afin d'associer une clé publique a une clé privée, il y a plusieurs étapes de vérification (5 vérifications par le calcul).

Voici la formule de démonstration ECDA, la même formule qu'utilise bitcoin (variable a la fin du calcul) :

$= (H(m)y^{-1} \mod n) G + (xy^{-1} \mod n) Q$

$= (H(m)y^{-1} \mod n) G + (xy^{-1} \mod n) s Q$

$= ((H(m) + sx)y^{-1}) \mod n \, G$

$= ((H(m) + sx) k (H(m) + sx)^{-1}) \mod n \, G$

$= (k \mod n) G = k G = (i, j)$

Si $x = i \mod n$, la signature est vérifié

Voici les variables utilisé dans cette méthode de chiffrement :

- Q est la clé publique

- s est la clé privé

- G est le point de base de la courbe elliptique

- n est le plus petit nombre entier pour que O soit le point de l'infini de la courbe

- n est un nombre premier

des fonctions sont faites pour cela en programmation, retenez donc le principe de base. Mais en terme technique, des outils peuvent maintenant faire le travail à notre place.

En conclusion, la Cryptographie est essentielle au bon fonctionnement de la blockchain. Que cela soit pour écrire sur les blocs, pour valider les transactions, pour faire des signatures ou encore pour générer des clés de chiffrement.

La cryptographie joue un rôle majeur dans l'informatique générale, et bien plus encore dans la blockchain et son écosystème.

Différents algorithmes existent pour assurer plusieurs fonctions. Toutes ces fonctions n'ont qu'un objectif final : protéger le message.

Le principe de fonctionnement est simple. Mais l'homme a volontairement complexifié les méthodes de chiffrement pour sécuriser les messages. Je pense que les méthodes de chiffrement ne vont cesser de s'améliorer, afin de toujours augmenter la sécurité de nos informations.

Toujours en rappelant que l'information est à la base de notre société, il est important de bien protéger les informations qui transitent dans les réseaux, qu'il soit privé ou public.

Les protocole réseaux utilisé

Une blockchain est un réseau décentralisé. Comme dans tout réseau, il y a échange d'information a travers differents ordinateurs. Tous les ordinateurs sont désormais connectés entre eux grâce à internet.
Dans le cas de la blockchain, les informations transitent d'une manière souvent anonyme et chiffrée puisqu'il y a des chiffrages RSA (clé publique, clé privée : Les Wallet). Certaines blockchains utilisent des technologies annexes. Mais dans la plupart des cas, nous observons une tendance des protocoles réseaux utilisés par la blockchain. Certains protocoles réseaux reviennent quelque soit la technologie utilisée en interne par les entreprises.

Si vous êtes un utilisateur de la blockchain, un mineur, ou si vous cherchez à développer une blockchain, vous rencontrerez une problématique de transition d'information à travers le réseau.
C'est pourquoi le domaine des réseaux et communication est un pré-requis appréciable lorsque l'on parle de blockchain.

La blockchain repose sur internet et ses protocoles. Notamment le modèle OSI, grand standard de l'organisation réseaux sur internet.
Le modèle OSI se décompose en plusieurs couches, chacune des couches agit dans un domaine spécifique et nous pouvons placer chacun des protocoles utilisés sur internet dans ce modèle.

Par exemple, les protocoles FTP,DNS,IMAP,IRC peuvent être assimilés à la septième couche : la couche d'application. Alors que le Wi-FI, le bluetooth, l'ADSL, le codage NRZ, peuvent être assimilés à la couche 1 du modèle OSI : la couche physique.

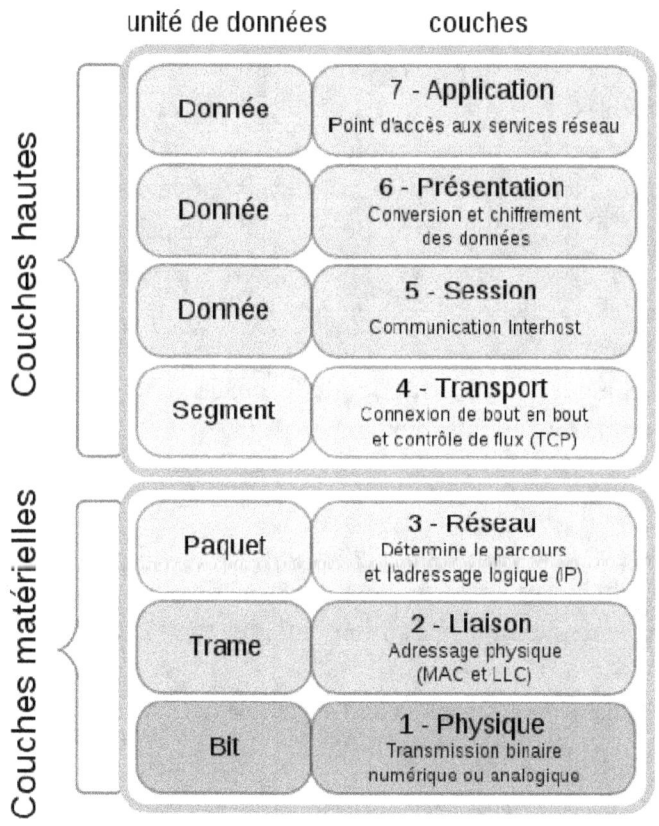

D'une manière globale, la blockchain est un réseau qui emprunte un autre réseau. C'est donc un réseau existant par ses transactions et ses protocoles, mais ces informations transitent d'ordinateurs à ordinateurs grâce à internet.

Une incertitude existe, la blockchain et ses protocoles se placerait entre les couches 3 et 4 , ou 4 et 5. Même si la blockchain n'a pas encore été située dans ce modèle théorique. Nous pouvons dire qu'elle utilise plusieurs protocoles. Parmi eux le TCP/IP et le protocole HTTP. Soit exactement les mêmes protocoles que nous utilisons pour nous connecter à des serveurs à travers les sites web. Cela est tout à fait normal étant donné que la blockchain utilise internet avec des trames classique
D'autres outils sont également utilisés: le **protocole de nakamoto** qui utilise des outils cryptographie (signature électronique et algorithme de hachage), ou encore le protocole **stratum** pour l'extraction de bloc.

Quoi qu'il en soit : des outils sont utilisés, ce ne sont pas des règles obligatoires à appliquer pour être défini en tant que blockchain, mais ce sont des standards à respecter pour que tout le monde sur le réseau communique correctement.

En parlant de réseaux, voici l'ensemble des noeud bitcoin et sa répartition dans le monde

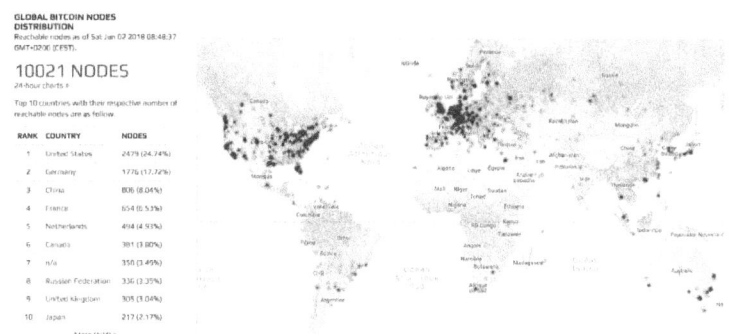

C'est grâce à des standards que tous ces nœuds du réseau peuvent communiquer.

Note : Mis à part deux ou trois protocoles mis en place pour la blockchain comme Stratum, la grande majorité des protocoles de transmission d'information utilisés était déjà existant avec internet, comme le TCP-IP. C'est pour cela que le sujet n'est pas approfondi ici : D'autres ouvrages traitent les réseaux mieux que celui-ci.

Le minage dans une blockchain

Quel est le rôle des mineurs dans la blockchain ?

Description du minage

Miner, c'est utiliser la puissance de calcul de son ordinateur pour effectuer des calculs utiles au fonctionnement de la blockchain. Ce sont les cartes graphiques qui sont mises à contribution majoritairement, ainsi que les processeurs.

Un mineur utilise son ordinateur pour calculer les Hashs (une transaction chiffrée) et vérifier les différents échanges.

- Exemple simple :

    "$2y$10$wnOJ./veTWujKHnzMHmoyePy328bQk6z9D6Fc2q4zzJ" est le hash de "0000" par l'algorithme Bcrypt.

Comme il n'y a pas de banque pour vérifier qu'il n'y a pas de double transaction ou que la somme est bien présente sur un wallet. Des ordinateurs le font pour nous.

En fonction du nombre de hash vérifiés, le mineur sera rémunéré. Après de nombreuse transactions vérifiées, le mineur pourra trouver un bloc et l'ajouter à la chaîne de bloc. Cette action apporte 25 BTC au mineur.

Seulement, la concurrence est rude et en tant que mineur indépendant, il n'est plus possible d'être rentable. C'est pour cela que les pools existent.

- les pools

Une pool, c'est une équipe de mineurs qui vont s'accorder pour miner ensemble. Chacun met ses ressources de calcul à disposition et contribue. Quand un bloc est trouvé : L'argent récolté est divisé dans la pool à la hauteur des ressources de chacun.
Les pools offrent une égalité et un facteur chance réduit comparé aux mineurs indépendants.

Les mineurs font avancer la blockchain. En échange de ce service, ils sont rémunérés selon leurs contributions. Certains mineurs font également de gros investissements matériels, notamment des cartes graphiques.

Cependant toutes les monnaies ne sont pas à miner. Certaines monnaies comme Ripple ou Stellar disposent de tokens déjà miné à l'avance. D'autres comme le bitcoin sont faciles à miner. Mais la quantité de bitcoin reçue en récompense du minage est divisée par deux tous les 4 ans : c'est le halving.
Ce halving rend évidemment le minage moins rentable. Ce halving n'existe pas sur toutes les crypto-monnaies.

Plusieurs algorithmes sont également utilisés dans les blockchains (Cryptonote, Scrypt , EquiHash....). Les rentabilités ne sont pas les mêmes selon la configuration et la technologie. Il convient donc d'étudier les rentabilités de chacunes des technologies pour un mineur

Comment miner ?

Miner est un protocole plutôt simple. Certains logiciels comme minergate proposent de miner plusieurs monnaies avec des interfaces graphiques agréables et un tableau de bord en ligne.
D'autres logiciels comme Claymore en ligne de commande sont moins conviviaux mais proposent des options intéressantes.

Minergate est un logiciel tout en un. Il propose une interface web pour manager ses différents appareils et transférer les fonds.
Ce logiciel dispose de wallet intégré que vous n'avez pas besoin de gérer. Il intègre également automatiquement votre puissance de calcul dans une pool spécial. Il dispose de calculateurs et le mineur n'est pas à configurer, seul un compte minergate suffit. C'est pour cela que minergate est adapté au grand public.

Si vous souhaitez prendre en main un autre logiciel, Claymore est une bonne alternative, attention cependant.

Choisissez votre logiciel en fonction de vos paramètres (pool, puissance de minage, monnaie minée, frais de transaction, minimum pour retirer les fonds, port, gestion de cœur sur les processeurs, compatibilité avec les cartes graphiques et autres ..).

Note : Pour les monnaies comme le bitcoin. Un halving est effectué tous les 4 ans. Nous savons déjà que la quantité de bitcoin est limitée. La récompense pour les mineurs est donc divisée par 2 tous les 4 ans.

Note 2 : Certaines crypto-devises comme ethereum nécessite de charger les DAG (Directed Acylic Graph). Ces DAG sont obligatoires et permettent de charger une partie de la blockchain pour gagner de la vitesse ensuite sur le minage. Ces DAG sont stockés en mémoire VRAM, c'est la l'origine de nombreux problèmes. Si votre matériel n'accepte pas de charger les DAG, il faudra alors se tourner vers les crypto-monnaies qui ne nécessitent pas de DAG.

Note 3 : Attention, miner, ce n'est pas de la crypto-monnaie gratuite, c'est un investissement, le coût en électricité est non négligeable (miner, c'est souvent participer à la preuve de travail) . Selon la rentabilité de votre matériel (Gain/puissance électrique) Vous risquez de payer de bonnes factures. Miner doit être un acte réfléchi et calculé. La tendance actuelle est de fabriquer l'électricité soi-même à l'aide d'un moyen écologique pour alimenter son matériel de minage.

Décomposition du réseau en noeud

La blockchain est une technologie Peer to Peer, cela signifie qu'il n'y a pas de centralisation. Cela est valable dans l'architecture réseaux de la blockchain également. Des informations transitent à travers différentes routes du réseau pour créer des échanges. Ces routes ne sont rien d'autres que des nœuds réseaux reliés entre eux.

NŒUDS DE RÉSEAU ET INTERCONNEXIONS

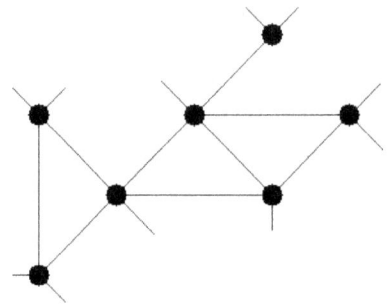

fig. 1

Un nœud est un acteur indispensable du réseau. L'information de l'échange transite dans les nœuds du réseau. Mais comme nous l'avons vu, la blockchain est déployée dans le réseau. Le nœud a alors une double utilité : faire transiter les informations, et détenir la dernière blockchain à jour.

Tout le monde peut participer au réseau. Un réseau est simplement un ensemble d'ordinateurs physiques connectés entre eux. 5% de ces nœuds sont néanmoins des nœuds virtuels modélisés.

Pour créer un nœud, il suffit d'avoir un système compatible avec la version du nœud souhaitée et d'être connecté à internet ou de télécharger un nœud blockchain disponible sur internet. Ces nœuds sont capables de créer des messages, de les recevoir ou de les transmettre.
Pour considérer un nœud, il faut que celui-ci soit connecté au moins 6 heures sur 24h à internet. La majorité des nœuds sont connectés malgré tout continuellement.

Il existe plusieurs nœuds différents classés selon leurs caractéristiques et utilisations. Prenons l'exemple de bitcoin et son réseau.

Nous distinguons sur le réseau qui supporte bitcoin :

- Les noeuds complet

Ces nœuds complets sont les nœuds qui prennent en charge bitcoin et sont capables de sécuriser les transactions dans leurs enceintes (nœud). Ce sont ces points du réseau qui contribuent à valider les transactions par le système de consensus. Les nœuds complets sont également capables de transmettre les nouvelles transactions vers la blockchain.

Le nœud complet possède la blockchain dans sa mémoire. (nous considérons également comme nœud complet, les nœuds qui possèdent une copie réduite ou compressée de la blockchain).

- Les noeuds d'écoute

Il y a 10 000 nœuds visibles sur bitcoin. Les nœuds visibles sont appelés "nœuds d'écoute". Ce sont les nœuds qui ont les mêmes caractéristiques que les nœuds complets, a une exception près : Ces nœuds écoutent les connexions entrantes.
Nous ne pouvons pas comptabiliser l'ensemble des nœuds bitcoin car les nœuds qui ne sont pas à l'écoute ne sont pas visibles. Ils sont souvent exécutés derrière des pare-feu avec des sécurités d'accès supplémentaires.

- Les noeuds de minage

Les plateformes de minage proposent de miner en solo, ou en équipe. Lors du minage solo, le mineur va créer une copie de la blockchain et tenter de résoudre l'équation mathématique à l'aide de sa propre copie de la blockchain.
Lors d'un minage en pool (équipe). Seul l'administrateur du réseau possède la copie de la blockchain. Les utilisateurs de la pool se connectent donc au nœud réseaux de l'administrateur, appelé nœud de minage.

Tous ces nœuds cohabitent ensemble pour former un vaste réseau capable de faire transiter les informations au sein de bitcoin.

Les nœuds sont d'importants systèmes puisque c'est le cœur du réseau : les transactions et la possession de la blockchain sur des machines. Chaque nœud participe ainsi à la décentralisation. Plus il y a de nœud dans un réseau, plus celui-ci est décentralisé.

Rétroactivité de la blockchain : les Fork

La blockchain en est encore à ses débuts, elle est vouée à évoluer. Plusieurs blockchains sont ainsi créées, mais il y a également plusieurs versions au sein d'une même blockchain. Selon la mise à jour d'un protocole ou du code de manière générale, tout l'écosystème peut être impacté. Généralement il faudra attendre que la majorité des nœuds du réseau intègre la mise à jour pour que celle-ci soit effective dans les transactions.

Fork vient de l'anglais et signifie "fourche", cette appellation est utilisée en informatique pour désigner deux directions différentes d'un même logiciel. C'est un terme particulièrement
bien choisi dans le cas de la blockchain parce que tous les blocs sont liés et deux directions différentes d'un même logiciel peuvent apparaître.

Mais pourquoi deux versions d'un logiciel existe-t-il ?
Cela est dû principalement aux acteurs humains de la blockchain, on distingue notamment deux cas.

- **Des divergences** de points de vue, les acteurs liés au projet (développeur, marketeurs..) ne sont pas d'accord sur l'avenir de la blockchain et sur les solutions à mettre en œuvre pour les futures mises à jour. Cela peut être également une divergence philosophique et conceptuelle de l'environnement de la blockchain.
- Cela peut être aussi dû à des **conflits personnels ou conflits d'intérêt** au sein de l'entreprise qui a construit le logiciel. Ce cas est plus rare mais arrive tout de même.

Quoi qu'il en soit, ce sont généralement les logiciels libres comme bitcoin qui subissent des forks, parce que tout le monde a le droit de modification. Ce n'est pas le cas dans des entreprises privées ou une minorité décide de la fonctionnalité d'un produit.

Le principal problème du fork est la rétroactivité, en effet, des mises à jour parfois importantes ne permettent plus de valider les blocs sur la même blockchain. Nous parlons de hard fork dans ce cas.

À l'inverse, quand une mise à jour mineure est rétroactive, les blocs issus de la mise à jour logiciel peuvent s'écrire à la suite des "anciens" blocs. Nous parlerons de soft Fork.

Quel est le type de Fork le plus fréquent ?

Parmi ces deux types de fork, c'est le soft fork qui intervient le plus souvent, il permet d'améliorer une blockchain sans avoir trop de conséquences puisque les bloc nouvellement créer s'ajouteront au bloc de l'ancienne version.

Un autre type de fork existe et est beaucoup moins connu, ce sont les forks qui sont involontaires et automatiques. Ils sont appelés fork naturels.

Ce type de Fork intervient lorsque deux blockchains existent lors d'un court moment. En effet, lors du minage d'une crypto-monnaie, les mineurs valident des blocs. Hors deux machines peuvent trouver le bloc valide suivant a quelques secondes d'intervalle. Le temps de propagation est ensuite de bloc est de 4 secondes sur bitcoin. Il existe pendant ce court instant, deux versions de la blockchain, une version non mise à jour, et une version avec le bloc nouvellement créé. Deux versions cohérentes de la blockchain existent donc, mais comment résoudre ce Fork naturel ?

C'est ici que la preuve de travail intervient encore. Lors d'un Fork naturel, c'est la chaîne la plus longue qui sera validé car elle a une preuve de travail plus grande.

Les mineurs vont alors chercher le bloc suivant sur les deux chaînes de bloc. Le nouveau bloc qui sera le plus cohérent de manière mathématique sera accepté.C'est la chaîne la plus longue qui devient donc la chaîne officielle.

Les fork naturels ont lieu plusieurs fois par semaine sur la blockchain bitcoin. Et il en est de même plus fréquent encore pour la blockchain Ethereum.

Qui participent aux mises à jour ? Qui détient les décisions ?

Sur la blockchain bitcoin, il y a un noyau de 40 développeurs auquel s'articulent de nombreux autres contributeurs. Le code source de bitcoin est d'ailleurs disponible sur github (grande plateforme de partage de code open-source), tout d'abord parce que bitcoin est open-source et public. Mais aussi parce que github est un très bon moyen de communication pour tous les développeurs et contributeurs.

Le code source de bitcoin a été écrit par Satoshi Nakamoto en langage C++, les profil-types des développeurs sont donc des personnes avec des connaissances certaines dans ce langage de programmation logiciel.

Si l'on exclut les connaissances C++ nécessaire à l'amélioration du bitcoin. Tout le monde peut proposer des mises à jour sur Github à l'aide des fonctions appelées "pull request".

Toutefois il faudra que votre proposition de mise à jour soit acceptée par le noyau de 40 développeurs qui ont certainement mis en place un système de vote.

Sachez que sur 100 propositions de mise à jour Bitcoin, le noyau n'en retient qu'une dizaine. Cela est dû à la volonté conservatrice du code source original de Satoshi Nakamoto.

Les conséquences d'un fork sur une blockchain

Nous avons vu les conséquences de Fork dans le système technique de la blockchain, il nous faut maintenant parler des conséquences économiques d'un fork.

Si la blockchain se divise en deux, et c'est le principe du fork (fourche). Il y a alors deux écosystèmes différents.

Les forks existent pour résoudre des problèmes récurrents dans une blockchain ou changer la philosophie générale. L'objectif étant d'apporter une valeur ajoutée à la blockchain qui a été mis à jour par le fork.

Dans le premier cas, le problème résolu, résout un problème fondamental comme un problème de sécurité ou de confiance (cela peut être aussi l'ajout d'une fonctionnalité supplémentaire) et la valeur ajoutée est visible pour l'utilisateur, qui va alors préférer la nouvelle version de la blockchain.

Des investisseurs peuvent également s'appuyer sur les nouvelles **fonctionnalités**, ce qui entraîne une augmentation de la valeur du token associé.

Dans le second cas, le Fork se passe mal et il n'y a pas assez d'intérêt suscité par la communauté et les investisseurs, ce qui donne une régression de la valeur du token associé à la blockchain.

Dans tous les cas, un fork est risqué dans le sens ou il faut vraiment que la valeur ajoutée soit réelle pour que l'utilisateur préfère prendre l'embranchement de la nouvelle version.

Il faut également du temps pour que les tokens mis à jour soient instanciés par les places de marché comme coinBase.

Bien évidemment, les valeurs des crypto-monnaies fluctuent en fonction de beaucoup de paramètres, il ne faut donc pas tout expliquer avec les forks pour autant.

Quelques exemples de fork

- **Ethereum classique - Ethereum** : 17 juin 2016 : Suite à une question de sécurité pour une levée de fonds. (note : Ethereum classique était la première chaîne. D'où le nom de "classique".
- **Monero - Monero Classic** : 6 avril 2018 : Question sur les compatibilités ASICS du minage et sur l'utilisation malhonnête de Monero.
- **Bitcoin - Bitcoin Cash** : Le 1 Août 2017, bitcoin cash propose l'augmentation progressive de la taille limite des blocs (la place de l'écriture dans un bloc).
- **Bitcoin Cash - Bitcoin SV** : 15 novembre 2018 : Bitcoin Cash donne naissance à Bitcoin SV suite à un désaccord sur la philosophie pour augmenter progressivement la taille limite des blocs.

Vous savez maintenant ce qu'est un fork, pourquoi sont-ils exécutés, et leurs conséquences techniques et économiques au sein du système blockchain. Il vous reste à analyser chaque nouveau Fork en tant qu'analyse fondamentale pour déterminer les potentielles améliorations réelles de chacun.

Les Smarts contracts

La blockchain a vu plusieurs évolutions dans sa vie. Parmi elles se trouvent des évolutions sur les algorithmes de cryptographie, le minage ou des évolutions de sécurité.

Aujourd'hui nous parlerons de "*smart contract*". Traduit en français par "contrat intelligent". Ces smarts contracts constituent une avancée majeure dans la technologie blockchain puisqu'elle permet d'exécuter du code dans des échanges. Et cela change tout...

Le contrat intelligent utilise la masse de données présente dans la blockchain ou une API (service externe) pour lancer des programmes exécutables. Ces programmes peuvent lancer des transactions dites intelligentes, à savoir le remboursement de quelqu'un s'il a souscrit à une assurance, mais cela peut être aussi le déclenchement d'un paiement en plusieurs fois via la blockchain. Le paiement est géré de manière plus intelligente et automatique. Voyez cela comme l'exécution d'un logiciel dans une transaction.

Cela fait moins de tâche à effectuer, la blockchain gère tout de manière automatique. Les smarts contracts sont des contrats de paiements. Ces contrats sont régis par le code et peuvent déclencher des échanges. Pour déclencher ces événements d'échanges, la blockchain et ses smarts contrats sont connectés à des services API, des capteurs ou autres déclencheurs.

Prenons le cas d'un capteur de température qui capte la température moyenne d'une région. Si la température est inférieure à 0 degré pendant 1 semaine, les smarts contracts déclenchent un paiement de dédommagement à tous les agriculteurs qui ont vu leurs cultures endommagées à cause du froid (pour le cas d'assurance par exemple), et cela de manière automatique, sans preuve et échanges d'expertise. C'est le contrat intelligent qui définit les règles et les applique.

Les smarts contrats peuvent aussi détenir de l'argent, et la redistribuer selon des algorithmes.

La technique des contrats intelligent

Bitcoin a été créé sans contrat intelligent, il n'en possède toujours pas aujourd'hui. C'est Ethereum qui a développé cette technologie. L'écosystème Ethereum repose d'ailleurs principalement sur les smarts contracts. C'est aussi pour cela que beaucoup de tokens reposent sur la blockchain ethereum. C'est à cause de cette monnaie et de la technologie derrière. Ethereum intègre des possibilités de décision dans ses algorithmes.

Relier les smarts contracts a la blockchain

Le contrat prend la forme d'un programme, avec de possibles paramètres et états. Le contrat est ensuite transformé en binaire ou est haché pour être publié sur la blockchain à l'aide d'une adresse wallet.

Les blocs contiennent des transactions et leurs contrats, et donc le bloc suivant (qui contient le hash des précèdent bloc) sera aussi possesseur des contrats intelligents. C'est comme cela qu'un smart contrat est enregistré et défini.

Les membres de la blockchain peuvent également exécuter les contrats en appelant leurs adresses. Admettons un contrat qui effectue un paiement tous les mois sur 12 mois.

Le contrat réside donc dans la blockchain avec une adresse associée.

Si l'on décide d'effectuer un paiement ou de demander un paiement mensuel sur une année, alors il faudra exécuter le contrat via son adresse (moyennant un petit coût de fonctionnement
puisque nous parlons de transaction, il y a évidemment de la valeur qui transite, mais peu dans le cas des smarts contracts).
j'envoie donc une somme à l'adresse du contrat pour effectuer une transaction et marquer les faits avec le smart contrats,
puis je passe un paramètre dans le contrat (la somme totale ou la somme mensuelle par exemple). Ensuite, c'est le contrat qui va déterminer de manière automatique les échanges effectués de manière mensuelle.

Le codage ?

Des contrats intelligents sont faits avec des algorithmes de code. Et comme tous les codes, il y a des langages associés, pour coder des smarts contracts, les développeurs utilisent
le langage solidity qui est relativement proche du Javascript. Généralement, ce type de code ne nécessite pas de logiciel particulier et les développeurs utilisent des logiciels basiques comme sublime texte (sublime Text a un plugin pour solidity).
Notez l'existence du logiciel _Ropsten_ qui est une blockchain ethereum pour tester du code sur des blocs. Avec ce logiciel, vous pourrez également explorer les blocs dans des environnements de test.

Quelles sont les applications des smarts contracts ?

Dans toutes les applications ci-dessous, les échanges sont effectués de manière P2P, sans intermédiaire, tout cela est possible grâce à des algorithmes qui calculent les échanges. C'est également cela qui permet l'inclusion de l'IA dans la blockchain. À l'avenir, la blockchain exécutera une IA pour déterminer les échanges à effectuer. Bien sûr, l'application de l'IA pour des questions monétaire posent encore quelques problèmes d'éthique et pratique, ce sont malgré tout des questions qui sont étudiées activement.

- ❖ Assurance

Certaines assurances disposent de smarts contracts dans la blockchain ethereum. En effet, il est plus rapide et plus clair de passer par cette technologie pour une assurance. C'est un gain de temps et d'argent pour la compagnie et pour le client. Le smart contrat détecte un sinistre et paie automatiquement l'assuré.

- ❖ Paris sportif

Les paris sportifs pourront également bénéficier de cette technologie, Nous pouvons imaginer un système de pari sans tiers de confiance où chaque utilisateur met de l'argent dans les smarts contrats, à l'issue d'une rencontre sportive, c'est le contrat qui détermine qui a gagné ou perdu, et à quelle hauteur. Un contrat intelligent est aussi capable de définir les cotes selon le nombre de parieurs et leurs mises.

- ❖ paiement en plusieurs fois ou mensuel

Les paiements en plusieurs fois sont possibles par les smarts contracts, ceux-ci déclenchent des paiements à des dates mensuellement. Ainsi nous pouvons imaginer payer son loyer via un contrat Intelligent. À l'avenir, les contrats de logement passeront par la blockchain.
Cette application est possible pour payer des retraites, faire payer un abonnement à un service ou autre. Ici les applications sont multiples.

❖ Les cagnottes et poker en ligne

Les cagnottes en ligne et poker pourront bénéficier des contrats "smart". Celui-ci peut très bien stocker une somme d'argent (nous avons vu qu'un contrat est régi par un code, mais un contrat est également une adresse et effectue des transactions). Dès lors, le système de poker est possible avec quelques algorithmes.
Même dans sa formule de stockage simple, les cagnottes peuvent exister sur une blockchain.

❖ Payer les employés selon des règles

Actuellement, nous récompensons des employés d'une entreprise par un salaire chaque mois. Ce salaire comptabilise le nombre d'heures. Pourquoi un tel système ? Parce qu'on ne peut pas vérifier tous les paramètres qui peuvent influencer le paiement d'un employé (les heures EXACT, la productivité ..). Des contrats intelligents pourront rémunérer les employés chaque mois selon des règles bien précises définies dans leurs contrats.

Les contrats intelligents, dans quel écosystème ?

Beaucoup de tokens utilisent des contrats intelligents, mais en revanche, il n'y a que très peu de blockchain qui possède la fonctionnalité "smarts contracts". En réalité, énormément de tokens utilisent la blockchain Ethereum. Et développer une autre blockchain alors qu'un token peut évoluer sur cette dernière, n'est pas très productif. C'est pourquoi beaucoup de tokens sont associés à l'écosystème ethereum.

Ethereum est la blockchain numéro un concernant les smarts contracts. Une alternative à Ethereum serait la blockchain EOS. Celle-ci a la volonté de remplacer ethereum et possède donc des caractéristiques similaires. Sur la blockchain EOS, les smarts contracts n'acceptent pas de frais de transactions, ce qui est un gros avantage.

Qui développe les smarts contracts ?

Ce sont les développeurs et les entreprises qui développent des smarts contrats. Les développeurs le font pour apporter une solution à un problème. Ou tout simplement améliorer la documentation sur un système. Nous pouvons trouver énormément de code sur github (développé avec le langage "solidity").

Les entreprises créent aussi des smarts contrats pour pouvoir faire fonctionner leurs services. Nous parlons de Dapps (application décentralisée). Ce type de produits est très apprécié par les start-up.

Certaines start-up lancent leurs propres blockchains privés, tandis que d'autres fonctionnent sur la blockchain ethereum. Quoi qu'il en soit, les contrats intelligents offrent de multiples possibilités et un avenir serein pour la blockchain et ses applications.

La politique lié à la blockchain

La blockchain est une technologie naissante, encore à son stade primaire. Et comme toute révolution, les règles du jeu changent.

Techniquement, il n'existe pas encore de loi approfondie sur le sujet, et les pays ont du mal à prendre des décisions pour contrôler ou non le domaine des crypto-monnaies, notez également que c'est un domaine vaste et que les réglementations possibles et applicables sont nombreuses et toutes sujettes à débats. C'est pour cela que les États n'ont pas encore tous établi leurs positions.

Les crypto-monnaies dans plusieurs pays

Tous les pays n'ont pas la même position par rapport à la crypto-monnaie. Dans tous les continents, les nations s'organisent pour réguler ce nouveau domaine.

La crypto-monnaie n'est pas émis par les banque centrales et donc les gouvernements n'ont aucun impact sur la gestion, le volume d'échange et la production de celle-ci. En Europe, les crypto-monnaies sont considérées comme monnaies virtuelles. (ce n'est pas une monnaie électronique).

Regardons comment les pays régulent les crypto-monnaies.

- CHINE

La chine a actuellement la position la plus fermé sur la régulation de la crypto-monnaie. Ce pays veut interdire le minage et l'extraction de crypto-monnaies. et son utilisation est soumise à des règles très strictes.

- CANADA / BELGIQUE / FRANCE

Au Canada, en France , tout comme en Belgique, nous pouvons échanger nos monnaies librement et accéder aux services d'extraction des crypto-monnaies. Notez que les bénéfices liés au crypto-monnaie doivent impérativement être déclarés dans l'impôt sur le revenu.

Vous pourrez déclarer vos bénéfices à partir de 150 ou 200 euros de bénéfices annuel. C'est à partir de ce montant que les bénéfices sont déclarés comme activités lucratives.

Note : Lors d'une montée subite des crypto-monnaies ou d'une descente entre le reçu et le moment de payer, les montants à payer aux impôts ne changent pas.

Régulation des ICO par la france

Bercy a fait de Paris, la capitale des levées de fonds en crypto-devise. Si Paris veut accueillir les plus grandes ICO, c'est bien évidemment pour attirer les meilleurs projets. Le gouvernement a donc travaillé pour mettre en place un cadre juridique adapté.

Le manque de cadre légal offrait un manque de sécurité aux entrepreneurs et start-up blockchain.. C'est pourquoi Paris a appelé l'AMF (gendarme de la bourse) afin de régler le problème.
L'objectif était de protéger les investisseurs et entrepreneurs, sans atteindre l'innovation. Tout ceci dans le but de garder notre notoriété française d'entrepreneur.

Le gouvernement agit donc en conséquence. Il s'en suit une suite de déclarations, En voici un échantillon

- Tous les bénéfices liés au crypto-monnaies doivent impérativement être déclarés et soumis à l'imposition sur le revenu, sur la déclaration d'impôt, ces montants doivent figurer dans la catégorie BIC (Bénéfices Industriels et Commerciaux) ou BNC (Bénéfices Non Commerciaux).

- Définition de crypto-monnaie dans la loi : *toute représentation numérique d'une valeur qui n'est pas émise ou garantie par une banque centrale ou par une autorité publique, qui n'est pas nécessairement attachée à une monnaie ayant cours légal et qui ne possède pas le statut juridique d'une monnaie, mais qui est acceptée par des personnes physiques ou morales comme un moyen d'échange et qui peut être transférée, stockée ou échangée électroniquement*
- Les monnaies virtuelles sont acceptées en France comme moyen d'échange ou de stockage. Mais les commerçants n'ont pas l'obligation d'accepter ces mêmes monnaies.
- Les tokens ont été officiellement défini, pour la france : un token est un bien incorporel qui représente un ou plusieurs droits, ces droits peuvent être émis, inscrit, conservé ou transférés au moyen d'un dispositif d'enregistrement électronique partagé permettant d'identifier le propriétaire du bien (dispositifs blockchain).

Pour résumer, la France a une volonté dite de cryptonation. Elle adopte une politique positive à l'égard des crypto-monnaies, afin de favoriser l'entreprenariat et l'innovation, qui sont deux mots importants en France.

Etude de cas

le modèle blockchain ethereum

La blockchain ethereum est un bon exemple pour démontrer la fonction et l'utilité d'une blockchain. Regardons ensemble l'historique et la fonctionnalité Ethereum.

Ethereum est une métaphore qui fait référence à l'éther, un matériau invisible et hypothétique permettant a la lumiere de de déplacer.

L'objectif d'ethereum est de créer un logiciel capable d'exécuter des applications décentralisées à l'aide de la blockchain et les échanges de valeur en ethereum.
Au-delà de la valeur spéculative, un jeton d'éther a une utilité pour exécuter un logiciel décentralisé.
Si l'objectif est de créer un logiciel décentralisé, alors la blockchain est la solution.

Mais pourquoi créer un logiciel décentralisé ?
Ethereum ne produit pas des Dapps (application décentralisé) pour son propre compte, sa blockchain permet de supporter les applications des développeurs et entreprises tierces.
Nous pouvons donc dire que ethereum est une manière de procéder pour déployer une application décentralisée.

L'utilisation des éthers.
D'un côté, les mineurs et les nœuds déployés sur le réseau sont rémunérés pour leur travail. Ils reçoivent des éthers en fonction de la contribution de chacun.

De l'autre, les développeurs et entreprises ont besoin d'éther pour exécuter leurs applications sur le réseau Ethereum et pour la maintenir en place. Ces entités achètent donc des ethers contre des euros.

Ethereum a su créer un bon équilibre entre l'offre et la demande, d'un côté un besoin de gagner de l'argent (traders, investisseurs, mineurs..), et de l'autre des acteurs qui ont besoin de ces ethers

S'il y a un besoin, ainsi qu'une offre. Il y a forcément une valeur à un token. Tel est la stratégie du réseau Ethereum. Et ce réseau permet à des personnes comme vous et moi de lancer des applications totalement décentralisées.

Quelles applications décentralisées ?
Ethereum est capable d'exécuter n'importe quel applications grâce aux smarts contracts, ces programmes qui s'exécutent pendant les transactions.

Un jeu vidéo peut s'exécuter sur une blockchain. Les programmes étant stockés dans les smarts contracts. Un jeu vidéo s'exécutera tout à fait normalement et de la même manière qu'un processus plus classique. La seule différence sera que l'information et la synchronisation des événements ne passera pas par des serveurs privés. Mais par l'ensemble du réseau indépendant ethereum.

De grandes applications ont vu le jour grâce à Ethereum et son réseau. Notamment ForkDelta,IDEX,ox, Decentraland.. il y en a des milliers, et toutes sont exécutées de manière décentralisée avec une utilité plus ou moins certaine. En effet, il est facile de déployer une application sur le réseau, Le résultat est donc une sorte de play Store des applications décentralisé.

La technologie derrière ethereum.

- **Smart contract**

Les smarts contracts sont indispensables à ethereum. C'est d'ailleurs cette technologie qui a propulsé le réseau dans sa popularité. C'est une innovation : faire passer des programmes exécutables dans les transactions. Si une application est un programme, et que nous pouvons faire circuler l'information en exécutant des programmes à travers un réseau. Alors nous pouvons exécuter de véritables logiciels. Les échanges de données fonctionnent avec des éthers. A chaque fois qu'un programme est exécuté via un smart contrat, c'est significatif d'un échange pour la blockchain, avec des éther en jeu. C'est pour cela que les applications ont besoin d'éther pour fonctionner.

- EtHash (fonction de hachage)

L'algorithme appartenant a la preuve de travail a été nommé EtHash pour le réseau Ethereum. Il s'agit d'une méthode de calcul pour créer des hash différents des autres méthodes. EtHash se base sur la fonction normalisée SHA-3. Cette méthode a été conçue pour résister au ASIC (mineur à haute efficacité).

Cette fonction de vérification a besoin d'une mémoire de 1 Go pour fonctionner, ce sont les DAG que les mineurs téléchargent avant de lancer la méthode et Hash.

La finalité d'ethereum

Pour avoir une application décentralisée comme bitcoin, il fallait avant écrire une blockchain et construire un réseau. Ce n'est maintenant plus indispensable. Un développeur ou une entreprise peut coder un smart contract géant, qui peut prendre la forme de service ou d'application complète. Et cette application s'exécutera sur le réseau blockchain déjà existant.

La ou il fallait avant une blockchain complète pour déployer un projet, il suffit maintenant de faire un projet compatible ethereum.

Note : Les smarts contracts et les Dapps sont programmés avec le langage solidity dans la plupart des cas.

Philip Morris et sa blockchain

Philip Morris est le leader mondial du tabac, comment ce géant s'est tourné vers la blockchain ? Comment cette solution technologique répond-elle au besoin de Philips Moriss ? Et que cela va t'il changer dans l'entreprise ?
Nitin Manoharan est un responsable de l'architecture et de l'innovation chez Philip Morris, c'est lui qui a annoncé que le bureau de l'innovation chez Philip Moriss travaillait actuellement à l'utilisation de blockchain publiques.

Pourquoi la blockchain pour ce cas précis ?

Les timbres fiscaux ou timbres de dimension sont des timbres qui servent à prouver qu'une personne physique ou une entreprise a bien payé une dette contre une collectivité publique.
Philip Moriss utilise des timbres fiscaux (impôts obligatoire) depuis ses débuts, l'entreprise achetait des timbres fiscaux pour faire circuler ses produits. Ces timbres avaient un coût non négligeable (4,50 € par paquet) et nécessitait du papier. Ce même papier pouvait être facilement contrefait (environ 89 586 000 € de fraude estimé sur une année).
Depuis 2016, les timbres fiscaux ont été dématérialisés. Pour les particuliers ou les entreprises : Ces timbres s'achètent sur " timbres.impots.gouv.fr" (pour les français) . La blockchain est alors apparue à Philip Moriss comme une opportunité.

Les avantages de la blockchain pour philip Moriss

- Coût du papier

Comme nous l'avons évoqué précédemment, le coût du papier est non négligeable sur les timbres fiscaux . La blockchain utilise des échanges immatériels et ce coût de fonctionnement est donc écarté.

- Coût de la fraude

La blockchain est une solution sécuritaire avant tout. La décentralisation amène la sécurité. C'est là, la grande innovation de la blockchain. Si Philip Moriss utilise la blockchain : les fraudes liées au timbres fiscaux seront réduites à zéro.

- Coût du personnel

Les timbres papier avaient besoin de main d'œuvre : Ces papiers étaient vérifiés et scanner manuellement par des équipes spécialisées. Avec la nouvelle méthode, tout se passera automatiquement.

- Rapidité de production

Derniers points : La blockchain permettra une rapidité dans la production de tabac de Philip Morris. En effet, les taches administratives sont longues, il fallait prévoir à l'avance ces timbres. Les taches automatisées seront également beaucoup plus rapides. **Il y aura moins d'intermédiaire**

- Information

La blockchain nouvellement créée sera capable de tracer les timbres et d'obtenir des statistiques et autres informations.
Au total sur une année, c'est 17 917 200 euros d'économie selon Manoharan.

La technologie utilisé

Le géant veut utiliser une blockchain publique pour son projet de suivi de timbres. Manoharan annonce une combinaison de technologies. Premièrement, la blockchain Ethereum sera utilisée pour ce qui semble être la couche primaire de l'application. Mais le leader mondial communique aussi sur ses entretient avec Multi Chain (fondation qui aide les organisations à déployer des blockchain) ainsi que l'entreprise Hyper Ledger (qui appartient à la fondation linux). Jusqu'à lors, nous n'avons pas plus d'élément pour déterminer précisément les technologies utilisées.

Dans tous les cas, Philip Moriss joue un coup de maître : Utiliser une blockchain pour minimiser ses coûts est très bénéfique aux entreprises. Philip Morris a su intégrer cette nouvelle technologie là où son système était défaillant et coûteux.

Mise en garde

La sécurité dans la blockchain

Comment mettre ses crypto-monnaies en sécurité ? Aujourd'hui, des plateformes sont piratées et des monnaies sont perdues à jamais. Parfois même, des possesseurs de wallets ne retrouvent plus leurs identifiants ou clé privé…La carte de la sécurité est donc un atout pour éviter toute perte potentielle et inutile. Mais comment peut-on mettre en sécurité nos cryptos, et en garantir l'accès facilement ? Quels sont les bons principes de précaution face aux arnaques et piratages ?

Les wallets

Le wallet (ou portefeuille) est le nerf de la guerre de la sécurité en matière de crypto-monnaie. Les wallets ne sont rien d'autres que des lieux de stockage pour bitcoin et toutes les autres monnaies digitales. Ces lieux de stockage sont plus ou moins sécurisés, comment garder ses crypto-monnaies en sécurité ?

principe du wallet

Un wallet est une adresse de type : "3AZ7bTnKPgZvY5cA2mLpHnMQeSJ8oMzkPb".
Cette adresse est la clé publique qui sert à recevoir des bitcoins par exemple. Des wallets sont également disponibles pour le stellar, le monéro ou toutes les autres crypto-monnaies.

Mais comme dans tout échange cryptographique, la clé publique n'est pas la seule composante d'un wallet. Un wallet est composé de :

- Une clé publique
- Une clé privé
- une interface sur la blockchain (qui fait le lien entre les deux)

En cryptographie, les clé publique sont publique comme leurs nom l'indique, elles sont utiles pour les transactions. En revanche, la clé privée ne doit pas être communiquée.

La clé privée est utile pour déverrouiller votre wallet, c'est un peu votre mot de passe. C'est souvent cette même clé que recherchent les 'black hat hackers', les pirates informatiques avec de mauvaises intentions.

Différents Wallets

Il existe plusieurs wallets plus ou moins sécurisés, ils n'ont pas les mêmes avantages et inconvénients, il va donc falloir choisir. Regardons de plus près…

Wallet bureau

Un wallet sur votre bureau : un petit programme qui s'exécute uniquement sur votre machine. C'est un endroit fiable pour vos crypto-monnaies. Il vaut mieux ne pas avoir de virus ou de programmes malveillants sur son PC. Et garder l'accès à son PC lorsque l'on veut faire une transaction. Ce n'est pas tout le temps le cas, l'argument contre est ici le côté pratique et géographique.

Wallet Mobile

Les wallets mobile sont des applications qui vous permettent d'accéder à la blockchain et donc à vos actifs financiers. Ils s'utilisent comme des wallets bureau. Et comportent les mêmes avantages. Si vous utilisez cette méthode : ajoutez des sécurités supplémentaires à votre téléphone !

Wallet en ligne

Les wallets en ligne sont les wallets couramment utilisés. Ce sont des wallets qui s'utilisent sur des sites web comme Coinbase ou MyEtherWallet. Ces wallets peuvent s'avérer dangereux si la plateforme ou se trouve vos crypto-monnaies est compromise.

Wallet papier

Les wallet papier sont des wallets en papier, ils centralisent clé publique et clé privée. Généralement un QR code accompagne ce genre de wallet. Parfois ce sont des wallets à usage unique. Quoi qu'il en soit, le papier est top pour la sécurité.

Wallet matériel (USB)

Les wallets USB sont considérés comme les wallets les plus sûrs. Comme LedgerWallet, Une clé USB spécialisée vous permettra de stocker vos crypto-monnaies en toute sécurité. Si votre PC est infecté, pas de probleme : Les clés USB sont chiffrées elles-aussi. Vous pouvez donc avoir un wallet portable et sécuritaire grâce au wallet matériel

Historique de sécurité dans la crypto-monnaie

Les hacks lié au plateformes

- Août 2016 - Bitfinex a perdu 72 millions de dollars suite à un acte de piratage.
- Fin 2018 - Coin Check se voit piraté et perd 40 millions (USD)
- 25 janvier 2019 - cryptographia est piratée et 14 millions d'euros disparaissent sur un wallet inconnu.
- 7 Mai 2019 - Binance se voit dérober 7000 bitcoins

Cette liste n'est qu'un échantillon des piratages dans le monde de la crypto-monnaie. Des milliards disparaissent des radars chaque année à la suite de piratages.

Les piratages lié à l'utilisateur

La sécurité ne touche pas seulement les entreprises et les plateformes d'échange ou de trading : La sécurité est aussi quelque chose de personnel. Chacun de nous doit surveiller ses actes pour éviter le piratage.

Dans les monnaies fiduciaire, les banques jouent ce rôle de protection. Dans la crypto-monnaie, c'est les détenteurs d'actifs qui doivent protéger leurs biens.

Seulement voilà, la majorité des crypto-monnaies volées sont du a des arnaques (ICO malveillante ou SCAM). Dans ce type de vol, il n'y a ni manipulation informatique, ni intrusion dans un système informatique.. Ici les pirates jouent sur la crédulité des utilisateurs.

Entre la chaise et la machine, c'est l'homme qui est le plus crédule, les arnaques utilisent des biais cognitifs pour acquérir votre confiance et voler vos crypto-monnaies. Restez sur vos gardes et faites des transactions uniquement sur des sites web reconnus. Choisissez également avec attention vos lieux de stockage.

Les piratages lié à la blockchain

La, c'est tout autre chose. Les blockchain sont très fiables puisque les informations qui la contiennent sont décentralisées. Autrement dit : elles sont disponibles partout, tout le monde connaît alors la blockchain et peut vérifier son intégrité. La blockchain ne peut pas être altérée. C'est la grande force de la décentralisation.

Le piratage de la blockchain est donc très improbable. Deux point sont quand même à éclaircir :

- L'attaque 51%. Si un utilisateur arrive à obtenir 51% de la puissance de calcul totale du réseau. Alors cet utilisateur peut créer la suite de la blockchain qui

sera validée par sa propre puissance de calculs. Heureusement, l'acquisition d'une telle puissance de calcul est impossible à obtenir aujourd'hui avec bitcoin et les grandes blockchains
- Fait plus probable : les smarts contrats liés à la blockchain ne sont pas sans faille (comme tout programme informatique). Il est donc conseillé de bien sélectionner les Dapps (applications qui utilisent les smarts contrats) que vous utilisez.

Les solutions efficaces pour mettre ses crypto-monnaies en sécurité

Afin de vous prémunir des risques, voici une liste des principes de précaution afin de mettre vos crypto-monnaies en sécurité.

- Ne pas toucher à ses wallets sur des réseaux publics (même avec un VPN).
- Privilégier des wallets USB matériel ou papier.
- Bien se renseigner en cas d'investissement en ICO
- Faire des transactions sur des sites reconnu (attention aux SCAM & phishing)
- Ne dévoilez jamais votre clé privée à un tiers.
- Achetez et vendez vos cryptos sur des sites fiable comme CoinBase
- Ne laissez pas vos actifs longtemps sur des plateformes en ligne

- activer les doubles authentifications (2FA)

Le risque 0 (ou presque)

le risque 0 n'existe pas, mais des bonnes pratiques comme les principes cités plus haut vous aideront à mettre vos crypto-monnaies en sécurité.

Si vous êtes obligé de laisser vos crypto-monnaies sur des wallets en ligne (les wallets binance qui vous servent à trader par exemple. Injectez le capital sur la plateforme en plusieurs fois et laissez toujours 50% de côté sur un portefeuille plus sécurisé.

Garder à l'esprit que les portefeuilles en ligne **ne vous appartiennent pas** forcément : Vous n'avez pas accès à la clé privée. Dans la plupart des cas, votre compte sur un site web permet d'accéder à des portefeuilles qui vous sont prêtés. Si votre compte sur un Exchange est supprimé, le wallet peut être attribué.

les schémas de ponzi

Les sites internet qui vous proposent 1% de rentabilité par jour ou par semaine, les plateformes qui vous font vendre de gros produits d'affiliation avec 99% de commission…Ces dernières années, les arnaques en ligne sont légion. Un système appelé Schéma de Ponzi est désormais totalement frauduleux et interdit.

Les systèmes de Ponzi sont des arnaques matérialisées par des plateformes de service dans les crypto-monnaies. Sur le papier, ces plateformes vendent des prêts immobiliers ou tout autre bien. En réalité, elles utilisent le schéma de ponzi.

Le schéma de ponzi est un système qui rémunère les investissements des uns, par l'entrée en investissements des autres. En clair, la rente d'un investissement est rentabilisé avec l'entrée d'une nouvelle personne. Ces nouvelles personnes attendront d'autres arrivants pour avoir des gains… etc..

Historiquement, Charles Ponzi avait initié un tel système dans les années 1920 à Boston. Il est devenu rapidement millionnaire et souleva 15 millions de dollars.
Seulement voilà, seulement les ⅔ de l'argent investi par les particuliers a été redistribué.
Ce système de ponzi est gagnant, mais ne se maintient uniquement lorsque des nouveaux investisseurs arrivent dans le système. Dans le cas contraire, il n'y a plus assez

d'argent pour payer les dividendes. Et le système tombe. C'est pour cela que ce système est totalement interdit.

plusieurs accusations de schéma de ponzi ont été proclamées dans l'histoire. en voici quelques-unes.
- Affaire Hanau en 1928
- Affaire Stavisky en 1934
- La crise économique albanaise
- Affaire Hedge Fund avec Bernard Madoff en 2008.
- Allen Stanford en 2009

Les ICO

ICO signifie **Initial Coin Offering**. C'est une levée de fonds en crypto-monnaies. C'est un concept très utilisé. Notez Telegram qui a réussi à obtenir 1,7 milliard de dollars avec une ICO. ou encore l'entreprise qui supporte la blockchain EOS qui a levé 4,1 milliard de dollars.

Les ICO sont devenues populaires dans le monde de la crypto-monnaie. Globalement, une entreprise vend sa crypto-monnaie a son début a un prix très réduit. L'entreprise obtient alors de l'argent. Et si l'entreprise fonctionne, alors le public pourra revendre la crypto-monnaie plus chère ou l'utiliser pour les services que propose l'entreprise.

C'est un investissement qui peut rapporter gros. Seulement beaucoup d'entreprises start-up sont fragiles et beaucoup d'investissements ne tiennent pas la route. C'est pourquoi les ICO sont considérées comme des investissements difficiles.
Il existe également beaucoup d'arnaque en ligne lié au ICO. C'est pour cela que c'est un investissement réservé au personne confirmé.

Du côté purement technique, les ICO sont utiles pour amasser de l'argent, mais ils sont tout aussi utiles pour déployer une monnaie, la faire circuler. C'est avec la circulation de la monnaie que les tokens prennent leurs valeurs. C'est la loi de l'offre et de la demande.

Souvent, une ICO se déroule très tôt dans la vie de l'entreprise, puisque c'est une levée de fond qui servira à atteindre un objectif.
Les monnaies ne sont donc pas toujours classées sur les échanges ni même catégorisées sur CoinMarketCap. C'est également pour cela que c'est un protocole assez dangereux. Pour se tenir informer des ICO en cours, L'application Telegram est un bon moyen de communication utilisé. Des channels spéciaux sont créés régulièrement. Il en est de même pour les Airdrop (phase avant l'ICO, destiné a déployé des tokens gratuitement en échange de like sur les réseaux sociaux ou d'adresse mail).

Les 10 plus grandes ICO de l'histoire ont obtenu 52% de la somme totale investi sur toutes les ICO. Nous constatons une inégalité de l'investissement dans les ICO.

Les applications de la blockchain

Si la technologie se répand, les internautes ont du mal à voir l'utilité de cette dernière. On me demande souvent ce que peut faire la blockchain hors du domaine de la monnaie.. La blockchain a été mise en lumière par le système monétaire décentralisé : Bitcoin. Mais Bitcoin n'est pas la seule application possible, loin de là. La liste ci-dessous est présente pour vous le démontrer. Chaque point est une application de la blockchain possible. Dans cette liste, beaucoup de projets ont déjà été réalisés à l'aide de blockchains. D'autres sont théoriques et non réalisés.

1. Les assurances
2. les noms de domaine
3. les systèmes de cadastre
4. acte administratif (acte de naissance, mariage...) et acte notarial
5. <u>Centraliser la puissance de calcul</u>
6. Application de suivi des arbres pour éviter la déforestation abusive
7. Échange de valeur programmable (smart contrat, programme, programme d'automate..)
8. prêts hypothécaire P2P
9. échange de bien numérique de collection ou Ebook
10. <u>Tracer le popcorn pour s'assurer de sa qualité</u>

11. <u>Mise en relation des PME et des investisseurs</u>
12. Carte bancaire décentralisé pour le paiement en crypto-monnaie
13. Signature Électronique de document
14. micro-paiement anonyme et international
15. <u>Stockage cloud décentralisé</u>
16. Gestion de la licence commercial
17. <u>Gestion de la publicité en ligne</u>
18. Traçage des médicaments
19. Transaction de monnaie ou de valeur sans frais
20. Covoiturage blockchain
21. Système de vente d'occasion (confiance accrue)
22. Paris sportif
23. Système d'enchère de créance
24. <u>Certifier l'existence de document</u>
25. crypto-bourse décentralisé pour investisseur
26. <u>Augur : système de prédiction qui définit l'avenir par la statistique des foules.</u>
27. Plateforme de conversion de token
28. <u>Service de crédit décentralisé</u> et apport avec crypto-devise
29. <u>Certification de confiance pour Data</u>
30. Lutte contre la surpêche
31. Identification et suivi des animaux dangereux ou animaux en voie de disparition
32. Transfert de fond pour les transfrontalier (crédit agricole)
33. Authentification des diplômes & CV
34. Vote en ligne

35. Graver des photos dans la blockchain (certification utile pour les assurances : États des lieux, mobiliers, accidents,litiges logistiques..)
36. Authentification et suivi des faux billets
37. Echange d'information anonyme (Media & Journaux)
38. Sécurisation des communications satellite via un marquage blockchain
39. <u>Développer le tourisme a l'aide de guide voyage blockchain (entreprise Loyyal)</u>
40. <u>Service de stockage de donnée décentralisé</u> (cloud)
41. Sécurisation de la production via les imprimantes 3D
42. Certifier et garantir l'historique, la provenance des diamants
43. créer des places de marché pour des articles de jeu vidéo
44. Suivi de l'exportation des produits pour un pays
45. <u>Covoiturage</u>
46. <u>Lutte contre la pollution plastique (Data science & IBM)</u>
47. Vente d'action enregistrer sur la blockchain
48. Service mailing via la blockchain
49. Délivrer des labels dans l'alimentation avec la blockchain
50. Possession de bien digital unique (token non-fongible)
51. Passeport pour vehicule automobile
52. <u>optimiser les trésoreries interne</u>
53. Suivi juridique personnalisé
54. Gestion des labels pour les grands vins

55. Retracer les échantillons de roche dans les mines
56. Communication sécurisé avec l'internet des Objets
57. Transfert immobilier (Ubiquity)
58. Identité numérique en ligne (remplacer les passeports).
59. Tracer les chambres d'hôtel vide et les mettre sur un marché P2P (Webjet)
60. Suivi & gestion des prisonniers en milieu carcérale
61. Suivi des droits de la propriété individuel et intellectuel
62. Gestion des dossiers médicaux
63. Suivi des articles dans les magasins (Gestion de stock, prix, promotions...)
64. partage de fichier Torrent (légal)
65. <u>Blockchain avec application décentralisé qui crée d'autre blockchain (BaaS Blockchain as service)</u>
66. Rapidité des transactions E-commerce
67. Cagnotte en ligne transparente
68. Acquisition d'actifs partagés (serveur web, domaine, immobilier) et rente partagé selon la contribution.
69. Discussions cryptés
70. Réseau de paiement open-source comme mastercard ou Visa
71. Base de donnée partagé pour partenaire commercial
72. Trafic autonome (Gestion de data et historique des trajets pour déterminer la responsabilité des acteurs.)
73. <u>Investissement immobilier partagé</u>
74. Résolution de problème de Big Data

75. système d'authentification décentralisé sans mot de passe (Certificats SSL stocké sur la blockchain)
76. Lutte contre la fraude fiscal
77. Protéger les données privées des administrés & ministres (Estonie)
78. Navigation Maritime international
79. <u>Jeux en ligne avec Data sur la blockchain</u>
80. Casino en ligne
81. Gestion de colis automatique
82. Etude de la migration des volatiles
83. <u>Don de charité</u> décentralisé et transparent
84. Gestion des points de fidélités
85. Registre de provenance
86. Gestion de paiement selon la contribution (gestion du travail sans entreprise ni chef)
87. <u>Traçage de timbre fiscaux chez Philip Moriss</u>
88. Communication crypté pour DGSE
89. Gestion du patrimoine immobilier (entretien des biens, enregistrement des dates de construction, de réparation..)
90. Tokenizer les billets d'avions
91. Contrôle de l'empreinte digitale
92. Locations de vélo selon l'offre et la demande (contrat fixé dans la blockchain)
93. Echange d'électricité P2P
94. Création de contenu partagé et gain selon la contribution
95. partage de ressource de calcul
96. droit d'auteur

97. Echange de bien non fongible (NFT)

Si beaucoup d'applications émergent dans le secteur de la blockchain, nous distinguons des tendances. Les industries et start-up veulent suivre des produits pour garantir leurs qualités. Ces entreprises cherchent également à proposer de nouveaux services.

Si de nombreux services existent déjà sans la blockchain, utiliser des solutions décentralisées P2P comme la blockchain permet d'automatiser les processus et tout cela améliore le rendement, parce que des intermédiaires sont supprimés.

Pratique : Approche de l'investissement des crypto-monnaies

Pour investir dans les crypto-monnaies, il y a deux manières de procéder. Ces deux manières se complètent.

D'un côté, l'analyse fondamentale permet de déterminer une valeur intrinsèque de la monnaie par rapport à sa technologie, son domaine d'activité ou encore son entreprise et sa rareté.

De l'autre, l'analyse technique qui s'appuie sur des statistiques et schéma psychologique des investisseurs pour dessiner des outils d'analyse graphique.

Généralement, l'analyse fondamentale est utilisée pour l'investissement long terme et le choix de l'actif financier. Alors que l'analyse technique est plus précise pour entrer dans un marché ou déterminer les mouvements court/moyen terme.

Dans ce chapitre, nous parlons tout d'abord de l'analyse technique, puis nous finirons sur l'analyse fondamentale.

Les bases de l'analyse technique

Les fondements scientifiques et les probabilités ont pris leur place dans l'investissement en bourse ou dans les crypto-actifs. Des centaines, que dis-je, des milliers de courbes et de graphiques ont été analysées pendant des décennies, provenant d'indices différents (monnaie, action, matière première et autre). De ces analyses ont découlé des points communs et des tendances statistiques.

À l'aide de toutes les courbes de l'histoire et les leçons tirées de ces analyses, pouvoir prédire l'avenir, tel est l'objectif de l'analyse technique.

Remarquez que l'analyse technique ne sert pas dans tous les cas. Mais c'est très utile de pouvoir analyser un graphique pour déterminer une tendance, prendre des positions au bon moment et prendre connaissance d'indicateurs comme les moyennes mobiles ou autres. L'analyse technique est une discipline que l'on apprend sur le long terme, et c'est souvent bénéfique d'apprendre ce type d'analyse.

Cependant l'analyse technique doit être mise en relation avec l'analyse fondamentale et les annonces/communications du marché. Malgré des figures bien connues, des courbes peuvent s'envoler ou s'effondrer suite aux décisions (comme la décision d'un état ou d'une grande entreprise influente sur le secteur). L'analyse technique est plus complexe que l'analyse fondamentale, et vous devez utiliser l'analyse technique en complément de l'analyse fondamentale.

L'analyse technique a commencé au XVIIIème siècle. Ce sont d'abord les japonais qui analysaient des schémas pour prévoir la valeur du riz à un instant T. Ce sont ensuite les travaux du cofondateur de Wall Street.

(Charles Dow) et de Ralph Nelson Elliott qui ont révolutionné l'analyse graphique.

Ces analyses ont d'ailleurs été appelées "analyse graphique" ou "analyse chartisme" avant d'être appelées "analyse technique" lorsque des outils mathématiques ont été appliqué à ces méthodes.

L'objectif d'une analyse technique est clair : prévoir **une future tendance**.

Charles DOW distingue **3 tendances**

- la tendance primaire (dure **plusieurs années**)
- la tendance secondaire (corrige la tendance primaire, dure de 1 à 3 mois)
- la tendance mineure (petite fluctuation de la tendance secondaire)

L'objectif est d'abord de repérer des tendances et de se positionner. L'idéal étant de prendre position sur une tendance primaire dans le long terme et dans la tendance secondaire à moyen terme.

La tendance mineure constitue le day trading. Cette tendance est sujette à des manipulations du cours, c'est pourquoi je ne prends jamais de position sur cette tendance, afin d'augmenter la sécurité de mes investissements.

Ces tendances ont aussi plusieurs phases qui se répètent inlassablement. La tendance primaire peut être constituée de plusieurs phases. Premièrement des phases **d'accumulation** ou les premiers investisseurs apparaissent, les volumes de transaction sont faibles et le marché est bas.

Ensuite il y a des phases d'imitation ou les investisseurs s'intéressent à l'actif financier et le volume augmente, la tendance est haussière.

Pour finir il y a la phase de **distribution** ou les investisseurs ont fait des bénéfices à l'aide de la bulle spéculative. et ceux-ci retirent leurs bénéfices. Il y a donc moins de volume d'échange sur le marché.

Analyser techniquement une courbe signifie obtenir plus d'**informations** sur une courbe. Que cela soit dans ses tendances, ses cycles ou autre. L'analyse technique moderne inclut même des lignes supplémentaires dans un graphique.

Un analyste moderne cherche à définir plusieurs lignes imaginaires comme le support ou la résistance.

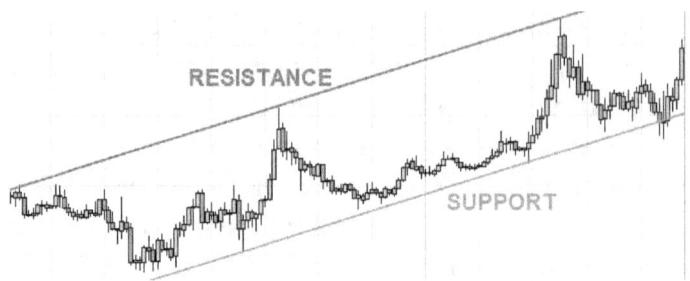

Support en vert qui représente le plafond à la baisse d'une courbe

---

Une ligne de support est la fourchette basse de l'évolution d'un marché, alors que la ligne dite "de **résistance**" est la fourchette haute de ce même marché. Ces deux lignes imaginaires sont la base de nombreux indicateurs et figures de chartistes. Pour tracer ce type de droite, rien de plus simple, il suffit de tracer à la fourchette haute (résistance) ou à la fourchette basse (support) qui touche **au moins à trois reprises** le cours du marché. Comme sur l'image ci-dessus.

Un analyste moderne cherche aussi à déterminer les tendances actuelles du marché. Concrètement, le marché pris dans sa globalité monte-t-il ou descend-il ? pour combien de temps ?

Les tendances sont valides jusqu'au renversement, ce qui provoque la tendance opposée. Vous devrez vous entraîner à repérer les tendances dans votre unité de temps.

Dans une unité de temps ? Oui, vous investissez selon votre plan d'investissement, avec une unité de temps. Vous pouvez investir à court, moyen, long ou très long terme. Vous imaginez bien que définir une tendance sur 6 mois n'est pas la même chose que définir la tendance sur une journée. Prenez donc soin d'analyser une seule unité de temps à vos débuts pour vous familiariser avec les cycles du marché.

Le respect de l'unité de temps est primordial pour un investisseur débutant s'il veut obtenir des résultats concrets.

Connaître les tendances et leur phases est un avantage, mais c'est là tout le début de l'analyse. Il existe plusieurs approches complémentaires de l'analyse technique moderne.

L'analyse statistique

L'analyse technique statistique. Cette analyse consiste à placer des indicateurs pour avoir plus de connaissances sur le marché. Il existe une multitude d'indicateurs, vous pouvez même programmer les vôtres et certains sites proposent des indicateurs créés par le grand public.

Ces indicateurs visent à donner des signaux pour pouvoir investir dans une crypto-monnaie ou tout autre actif. Les indicateurs donnent aussi des signaux pour vendre aux meilleurs prix.

Enfin, les indicateurs sont paramétrables, ceux-ci remplissent une fonction, c'est à vous de décider des paramètres de cette fonction.

Ces indicateurs ne sont bien évidemment pas sûrs à 100%, personne ne connaît l'évolution des courbes (hors délit d'initié).

Mais des informations supplémentaires qui peuvent aider à la prise de décision se révèlent souvent très pratiques.

Je vous donne ici quelques pistes sur les indicateurs que nous pouvons utiliser.

1. Le momentum

Le momentum est un des indicateurs les plus connus en analyse technique, son objectif est de donner la vitesse d'évolution sur un Laps de temps donné. L'indicateur momentum peut être utilisé comme un indicateur de suivi de tendance, cet indicateur peut parfois donner des figures de chartiste (voir plus bas) et sert donc aussi à analyser des cycles afin d'en prévenir les issues. Des personnes utilisent le passage à 0 comme signal de vente ou d'achat également.

2. La moyenne mobile

La moyenne mobile est un indicateur qui indique une valeur moyenne d'un cours, sur une période donnée. Généralement nous afficherons des moyennes mobiles sur 50, 100 ou 200 jours.
Ce type d'indicateurs est également paramétrable et il s'est avéré très efficace. Les traders utilisent dans beaucoup de cas plusieurs types de moyenne mobile sur un seul et même graphique.
Paramétrer deux moyenne mobiles (à 50 jours et 200 jours) peut servir à détecter des opportunités lorsque deux moyennes se croisent.
Si la moyenne mobile 50 traverse vers le haut la moyenne mobile à 200 jours, il faut généralement acheter. Comment le sait-on ? Dans la plupart des cas, lorsque deux moyenne mobile paramétré ainsi se croisent, nous détectons une

tendance à l'achat. Cela veut dire que la majorité des traders détectent une opportunité. L'inverse est également valable.

Il faudra vendre si la moyenne mobile 50 traverse vers le bas la moyenne mobile 200.

Pourquoi cela marche-t-il ? Parce que beaucoup de traders l'utilisent, et donc il y a des mouvements importants des cours a chaque croisement de courbes.

3. la MACD

MACD est l'acronyme de **Moving Average convergence divergence**. La MACD est la différence entre deux moyennes mobiles, exponentielle et de périodes différentes. Des périodes de 3 et 12 jours sont employées dans ce type d'indicateur.

Les investisseurs se servent concrètement de la MACD pour, encore une fois, indiquer un point de vente ou un point d'achat. Cet indicateur affiche deux courbes et lorsque celles-ci se croisent, c'est un point stratégique de vente ou d'achat.

4. L'indicateur RSI

RSI est une valeur qui mesure un rapport entre les moyennes des hausses et les moyennes des baisses. Le RSI reflète l'énergie d'un marché, sa volatilité.

Chaque investisseur utilisant l'analyse technique a ses indicateurs favoris. Ces choix s'expliquent par la beauté graphique d'un indicateur ou par la fidélité de la restitution.

Note : plus un indicateur se prononce tôt, plus il a tendance à se tromper par rapport à la réalité future.

L'analyse technique

L'analyse technique chartiste ou les courbes et les modèles passés dans l'histoire ressortent pour prédire le cours. Dans cette catégorie nous utiliserons des figures de chartiste bien connues pour déterminer la sortie probable d'un cours.

Notez que les différentes figures de chartiste ont des issues probables. Certaines figures ont 2 chances sur 3 de finir en hausse. Tandis que d'autres ont 4 chances sur 5 de finir en baisse.

Vous l'aurez compris, avec les figures de chartiste, nous pouvons potentiellement connaître les issues de schéma particulier.

Vous l'aurez compris, l'analyse technique ne repose pas sur les croyances. L'analyse technique cherche à déterminer l'avenir d'un marché en s'appuyant sur des données concrètes, statistiques ou mathématiques.

Gardez également à l'esprit que se reposer sur des outils mathématiques peut servir pour anticiper une courbe de manière correcte. Mais ces outils ne sont pas fiable à 100%.

Tout est une histoire de probabilité qu'il convient d'analyser selon la tolérance de vos risques.

La science est fiable, les mathématiques sont fiables, mais la probabilité existe et tout n'est pas sûr, sinon cela ne serait plus des probabilités mais bien des vérités.

Il existe une multitude d'outils, Les outils présentés ici ne sont qu'une infime partie de la gamme d'outils disponible. Si autant d'outils existe, c'est parce que plus il y a d'indicateurs coordonnée ensemble et d'accord sur un point de vente ou d'achat, plus celui-ci sera sûr.
Le jeu consiste a trouver un point charnière d'achat ou de vente, puis de valider ce point avec des outils pour assurer son coup.

L'analyse fondamentale

Il ne s'agit pas de magie. Il est question ici de vous donner quelques clefs pour analyser une crypto-monnaie. Cette analyse fondamentale vous permettra de connaître le contexte d'une devise, sa santé générale ainsi que des précisions sur son fonctionnement technique et fiscal.

L'analyse fondamentale est souvent utilisée pour investir sur une monnaie à moyen et long terme. Alors que l'analyse technique est utilisée pour le trading.

- le trading : je mise à court terme sur la valeur d'un actif
- l'investissement : je prends position d'un actif en l'achetant pour espérer faire une plus-value sur le moyen/long terme

De mon côté, je trouve nécessaire l'analyse fondamentale pour investir dans une crypto-monnaie et connaître son contexte. Mais j'aime bien également analyser le graphique à l'aide de l'analyse technique des traders pour sécuriser mes investissements. Je vous montre dans cette section les informations essentielles pour l'analyse fondamentale d'une crypto-monnaie. L'étude technique des graphiques feront l'objet d'autres articles ou produits.

Notez que l'analyse fondamentale permet une approche globale, elle doit toujours être effectuée avant l'analyse technique.

L'analyse technique intervient en second temps afin d'analyser le cours pour pouvoir entrer et sortir d'un actif au bon moment. La question générale de l'analyse fondamentale est : Que vaut vraiment cet actif en valeur réelle ? Il s'en suit une comparaison a la valeur cotée en bourse ou dans un cours. Dans le but de déterminer les surestimations par le public/investisseurs ou les sous-estimations. Comparer les valeurs réelles et les valeurs coté permettent également de prévoir les éventuelles corrections dans le cours d'une crypto-monnaie.

Pour spéculer et analyser sur une crypto-monnaie, voici les informations dont vous devez disposer. Sélectionnez une crypto-monnaie et analysez-la en vous appuyant sur ces points.

1. **Information sur l'entreprise / les créateurs**

Toutes les crypto-monnaies ne possèdent pas des entreprises, mais si l'on exclut le bitcoin, les créateurs des entreprises sont connus et leurs objectifs également. Nous pouvons en premier lieu analyser le créateur du token ou son entreprise. Ceci est à faire en premier lieu pour filtrer les arnaques potentielles, SCAM ou encore les jetons les moins convaincants. Dans quel pays l'entreprise se situe ? Dans quel pays le fondateur réside t il ? Il faut à tout prix se renseigner sur les pays de résidence pour être au courant du contexte du pays en question.

La crypto-monnaie au Venezuela a été créée suite à une crise financière par exemple. Connaître le contexte est important pour pouvoir définir le besoin auquel répond la crypto-monnaie. Connaître le pays de résidence permet aussi de connaître la fiscalité en vigueur dans ce pays. Généralement, on évitera les entreprises situées dans les paradis fiscaux s'ils ont des caractéristiques douteuses (en termes de nombre d'employés ou de promesse fait par l'entreprise).

J'aime également regarder le pitch commercial de l'entreprise et analyser comment celle-ci fait son marketing. Si vous êtes profondément conquis par la crypto-monnaie. Il y a des chances pour que des investisseurs le soient également. Regarder le pitch commercial permet de prendre connaissance de la promesse générale de la crypto-monnaie. Vous pourriez savoir pourquoi celle-ci existe, le besoin auquel elle répond. La communauté cible du token et bien d'autres choses.

2. L'historique de la boîte

sa stabilité et les principaux objectifs (cours au long terme / croissance général / bénéfice de l'entreprise sur 5 ans / objectif final) Dans un deuxième temps, il faudra analyser les caractéristiques de l'entreprise lié au token. Il est important de se renseigner sur les bénéfices généraux de l'entreprise. Savoir si celle-ci est en croissance ou non (nous préférons évidemment les entreprises en croissance sur de longue période pour des investissements longs terme).

Une entreprise Savoir si celle-ci est en croissance ou non (nous préférons évidemment les entreprises en croissance sur de longue période pour des investissements longs terme). Un bon point de départ est de regarder les bénéfices et la croissance de l'entreprise sur 5 ans. Vous pourrez ainsi déterminer les tendances générales. Dans un monde utopique, il faudrait même analyser les potentiels cycles que forme le cours de la crypto-monnaie.
Les objectifs finaux de l'entreprise cible sont également un des points les plus importants et les plus décisifs...Ils sont généralement mis en avant, les objectifs finaux sont généralement des promesses faites aux utilisateurs. Parfois ces objectifs se trouvent aussi dans la technique des promesses faite aux utilisateurs. Parfois ces objectifs se trouvent aussi dans la technique.

Prenons l'exemple d'Ethereum(ETH) qui se veut être une monnaie utilitaire pour les start-up et entreprises. L'objectif d'Ethereum est de fonder une blockchain capable de supporter de multiples applications à l'aide de smart contracts (contrat intelligent intégré dans les transitions de monnaie).

Ethereum a donc un objectif pratique. Certaines autres crypto-monnaies ont des objectifs sociaux ou d'autres objectifs tout aussi intéressants.Prenons encore une fois la monnaie paypite qui se veut être une monnaie échangeable dans le monde francophone. L'objectif final de l'entreprise paypite est de rassembler les francophones à travers le monde, et il est vrai que beaucoup de francophones (situé en France, au Maroc, au canada...) utilisent des monnaies différentes. Paypite est donc une solution en soi pour les échanges P2P entre francophones.

Analyser les objectifs est très important. La promesse générale de l'entreprise est souvent facile à trouver et est très parlante sur l'avenir de la crypto-monnaie. De manière générale, on évite – Les tokens qui ont un objectif déjà atteint ou réalisé (par le monde numérique ou physique) – Les tokens qui n'ont pas d'objectif propre ou claire

3. Les statistiques et chiffres de la monnaie

Les chiffres réels et les statistiques sur le token sont également importantes. L'analyse statistique permet d'avoir une idée sur l'influence de la crypto-monnaie. Elle permet de se renseigner sur l'offre et la demande, voir ou sont détenus les actifs les plus importants et beaucoup d'autres choses.

La capitalisation du marché est l'ensemble des actifs créer depuis le début d'une crypto-monnaie, soit le total des tokens actifs en échange et les actifs sur des portefeuilles privés ou publics. Cette statistique permet de voir l'ampleur d'un marché. C'est souvent sur la base de la capitalisation que l'on classe les différentes crypto-monnaies.

Le prix actuel de la crypto permet de savoir si le token vaut cher ou non. Plus celui-ci est cher, plus la demande est importante et l'offre est faible, et inversement. Le prix d'un token permet de se renseigner sur la tendance des investisseurs de manière générale. C'est également en fonction du prix d'une crypto-monnaie que l'on va agir sur nos investissements.

Le volume d'échange sur 24h permet de savoir le montant échangé dans les dernières 24h. Sois comparé aux monnaies qui sont échangées et sont donc réellement utiles, et les monnaie qui sont "morte", sont stockés sur des portefeuilles gelés ou à des fins de spéculation. Pour un bitcoin à 60 000 000 000 de capitalisation générale, 6 755 000 000 sont échangés sur 24h. un peu plus de 10% des bitcoins transitent chaque jour à travers le monde. Les variations sur 24h, 1 jour, 2 jours, 1 semaine et plus ... permettent d'évaluer une monnaie sur le long terme. Il ne s'agit pas pour l'instant d'analyser le graphique de façon complète, il s'agit seulement de déterminer les évolutions.

Nous repérons donc les cycles potentiels, les tendances générales, les croissances ou décroissance, les potentielles bulles spéculatives. Enfin, dernière information chiffrée de cette partie, ou se situe la crypto-monnaie dans son monde ? Concrètement, à quel rang elle se situe ? Le rang est une information mineure comparé au Précédente. Mais le rang détermine la célébrité d'une monnaie. Viser le top 100 des monnaies est un bon point de départ lorsque l'on manque d'information.

4. Type de technologie

Toutes les monnaies ne se valent pas sur le plan technique. Certaines monnaies innovent sur la technologie ou sur les options qu'inclut la blockchain. Prenons l'exemple des types d'algorithmes inclue dans une blockchain. CryptoNote est une technologie sur laquelle repose le ByteCoin(BCN), le dashcoin(DSH) ou le monero(XMR).

Vous pouvez sélectionner les monnaies en fonction de vos évaluations sur ces technologies. Certaines personnes ne vont qu'investir sur l'algorithme Equihash, tandis que d'autres croient à la technologie script sur laquelle repose le LiteCoin. A vous d'évaluer les technologies des monnaies pour avoir votre propre idée.Évaluer une devise digitale par sa technologie est aussi un bon moyen pour assurer un placement. Certaines technologies sont vouées à mourir, d'autres exposent des fonctionnalités futuristes et diablement pratiques, ce qui font d'elles des valeurs sur.

5. Analyser le marché

S'il existe un associé au token : Analyser le marché de la devise en question est utile pour déterminer la tendance du marché. Prenons l'exemple d'une monnaie qui sert à échanger de la puissance de calcul à travers une plateforme web. Pour un tel cas, il faudra alors analyser le marché de la puissance de calcul, sa croissance ou décroissance, les part de marché disponibles ou non, ainsi que l'offre et la demande sur ce type de service.Analyser les entreprises concurrentes même hors du monde de la crypto-monnaie est un bon procédé pour analyser un marché.

6. Comprendre et tester l'activité liée à la crypto-monnaie

L'activité liée à la crypto-monnaie est importante puisqu'une cryptodevise est censée est utilisée pour un objectif précis. Comment la monnaie répond au besoin de l'entreprise et des utilisateurs. Les tokens sont faits pour être utilisés ou échangés dans des conditions précises. Si nous excluons l'investissement par spéculation, les utilisateurs se servent des tokens pour acheter et revendre des services (comme de la puissance de calcul ou l'accès à un service pendant un temps donné). Comprendre l'activité est primordial pour évaluer si le service fourni par la plateforme vous plaît ou non. Vous pouvez donc vous renseigner sur les protocoles et sur l'activité en général de la crypto pour comprendre son fonctionnement. Le mieux étant d'acheter des tokens pour essayer le service en question. Essayer est toujours mieux pour se faire une idée. Les livres blanc sont également une bonne source de connaissances.

7. Analyser le canal de communication de la crypto-monnaie

Le dernier principe de l'analyse fondamentale est également très important. Une crypto-monnaie est volatile et les cours changent énormément. Une simple annonce d'une personne célèbre ou de l'inclusion d'une nouvelle technologie peut changer le cours d'une monnaie à moyen terme. C'est pour cela qu'il est obligatoire de pratiquer un renseignement quotidien pour être informé des actualités.

Personnellement je mets en favoris des blogs qui liste les actualités dans le monde des crypto-monnaies. Je regarde aussi les canaux de communication principaux des cryptos. Certaines entreprises ou groupes aiment publier sur les réseaux sociaux comme facebook, twitter ou linkedin. D'autres annoncent leurs événements à travers les sites officiels.

Afin de connaître toutes ces informations, vous avez plusieurs outils pour certains célèbres, mais gratuit pour tous. Ces outils vous aideront dans la recherche d'informations et la sélection d'une crypto-monnaie a objectif spéculatif.

❖ coinMarketCap

CoinMarketCap est un site web qui regroupe toutes les crypto-monnaies, des statistiques et informations chiffrées sur les tokens, ainsi que leurs cours et leurs historiques.Ce site est un indispensable de tous les intéressés de près ou de loin à la crypto-monnaie. C'est également ce site qui fait le classement des 100 premiers tokens. Fiable en valeur et performant. CoinMarket cap est un essentiel pour l'analyse fondamentale.

❖ Les sites officiels

Les sites officiels sont très utiles. Surfer sur le site web principal et officiel d'une crypto-monnaie permet d'obtenir beaucoup d'informations sur ses objectifs, ainsi que ces nouveautés. Vous pouvez également créer des portefeuilles sur ces sites dans la plupart des cas.Sur ces sites, vous avez des annonces officielles et fiables. Cependant c'est à vous de vous faire une opinion sur ces annonces. Les sites officiels ne parlent pas de leurs crypto-monnaies en négatif et ne font que des bonnes annonces. C'est pourquoi vous devez avoir un regard critique sur ce que vous lisez, et aller chercher plus loin pour être objectif.

❖ tradingview.com

tradingview.com est un site qui prend de la popularité, il permet de visualiser les cours de nombreuses monnaies digitales. Il permet également d'obtenir et de partager des analyses de trading. Pour cela, Tradingview met à disposition des outils de dessin sur graphique et des indices/indicateurs complets. Vous pouvez programmer vos propres indicateurs et les partager avec la communauté.Nous somme dans l'analyse fondamentale, Ce site vous servira dans un premier temps pour visualiser les cours simplement et obtenir les informations ci-dessus. Vous pouvez obtenir un mode sombre sur ce site dans les paramètres, très utile et design pro.

- ❖ Site du gouvernement du pays hébergeur de l'institution

Les sites officiels des gouvernements des pays hébergeurs sont également utiles pour se renseigner sur les lois et la fiscalité d'une crypto-monnaie.Éventuellement connaître la position du pays hébergeur sur les crypto-actifs. Afin de faire de bonne sélection et ne pas tomber sur de mauvais actifs. Il est important de s'entraîner à analyser les crypto-monnaies de manière fondamentale. Par la suite, il devient évident d'analyser une monnaie comme montré précédemment et nous le faisons instinctivement. Cette analyse prendra de moins en moins de temps à chaque fois. Prenez donc l'habitude de ce protocole.Pour vous aider, je vous invite à sélectionner 7 Monnaie virtuelle et à en faire l'analyse fondamentale. Notez sur un bout de papier vos pronostics longs termes. Cette monnaie va t'elle évoluer positivement ou négativement. Cette monnaie est t elle une arnaque fondamentalement ? Attendez 1 ou 2 mois et ressortez votre petit papier, aviez-vous raison ?

Il est important de juger nos capacités d'analyse. Bien qu'il existe des techniques et des statistiques pour nous aider. Si tout se ferait mathématiquement.. tout le monde serait riche et ferait de l'investissement massivement

L'elliottisme

Ralph Nelson Elliott a vécu à New York de 1871 à 1948. Il exerçait le métier d'économiste, il a ainsi passé sa vie à étudier la finance et les cours des marchés. Avec la passion de son métier, il a essayé de percevoir des cycles dans les graphiques de la finance. Pour Eliott, ces cycles sont des vagues. C'est ainsi que sont née les vagues d'Elliott
Dans son travail, Ralph Nelson Elliott s'est grandement inspiré de la théorie de Dow. Cette théorie nous décrit des cycles successifs quelle que soit l'échelle temporelle utilisée. Nous pouvons très bien observer des vagues dans un graphique de 2 minutes ou dans un graphique mensuel. La théorie de Dow parle aussi de la fractalité de ces vagues. La fractalité est le fait que toutes ces vagues s'emboîtent les unes dans les autres. Nous pouvons observer des vagues dans des vagues. Qui sont peut-être eux-même dans d'autres vagues parentes...
Vous l'aurez compris, Eliott s'est grandement inspiré du travail de Charles Dow. Pour être plus exact. Il a précisé son travail, il n'a pas seulement considéré l'existence des vagues, mais il a étudié ces mouvements de graphique pour en déterminer des tendances et une suite de règles.

L'héritage de Ralph Nelson Elliott est un ensemble de règles qui s'applique sur tous les actifs financiers. La ou Charles Dow étudiait principalement les valeurs immobilières.

L'utilité des vagues d'Elliott ?

Comment les vagues d'Elliott peuvent nous être utiles pour spéculer ou trader sur les crypto-monnaies ?

Ces différentes vagues nous permettent de prédire le chemin que prendra une courbe. Cependant Eliott ne nous donne pas d'indication sur le prix ou sur des valeurs exactes. Eliott nous donne des directions haussières ou baissière. Nous pouvons ainsi conclure qu'un cours va monter ou descendre, mais la grandeur des vagues et leurs limites ne sont pas données (notamment à cause du principe de fractalité).
C'est toute la difficulté de la théorie d'Elliott : déterminer dans quelle vague nous sommes, et quelle sera l'ampleur de la vague suivante. Ces différentes courbes que nous donnent cette théorie existent grâce aux études liées à la psychologie de l'investisseur. Ce sont 20% de mathématiques, et 80% de jugement psychologique.
Ralph Nelson Elliott a également travaillé avec Fibonacci pour déterminer l'ensemble de règles que nous allons étudier ici. Les nombres de Fibonacci sont eux, basé sur le nombre d'or.
Pour positionner des sommets sur des courbes ou délimiter le territoire de chaque vague, nous pouvons donc nous appuyer sur les nombres de Fibonacci.
Les vagues d'Elliott nous sont donc utiles pour prévoir la **direction** que prendra un actif, il faudra ensuite appliquer les

règles d'Eliott liées à chaque vague pour déterminer la tendances, les points de ventes et d'achats.

Pour préciser les points d'arrêt de chaque vague, nous nous appuyons sur les outils de Fibonacci.

Pré-requis

Les vagues d'Eliott sont des notions théoriques et parfois abstraites, pour comprendre pleinement, il est préférable d'avoir pris en main les graphiques des actifs financiers (crypto-monnaie ou FOREX). Le site web TradingView est un bon outil pour visualiser ces actifs.

Eliott applique des règles pour chaque vague, Pour trader ou investir à l'aide de cette théorie, il faudra également retenir et comprendre ces règles.

Généralité

Charles Dow a déjà énoncé le principe de fractalité, une tendance primaire peut dégager une tendance secondaire ou encore une tendance tertiaire. Eliott reprend ce principe dans ses recherches.

Voilà donc la théorie de base d'Eliott. Nous pouvons découper toute courbe en vague qui s'imbrique les unes dans les autres.. Les deux vagues principalement modélisées sont les vagues motrices.

Nous parlerons tout d'abord des vagues d'impulsion, puis nous compliquerons la tâche avec les différentes vagues de corrections.

Les vagues motrices

Les vagues motrices sont des vagues qui définissent une tendance sur un laps de temps donné, ce laps de temps peut varier car il y a des vagues dans d'autres vagues (fractalité).
Il existe deux types de vagues motrices, les vagues d'impulsion et les vagues de correction. Ces deux vagues peuvent apparaître l'une derrière l'autre ou s'additionner.
Ainsi le combo impulsion - impulsion - correction est possible. Il n'y a pas d'alternance obligatoire entre impulsion et correction.

Vague motrice D'impulsion
La vague d'impulsion est la première vague d'Elliott a connaitre, elle est également la plus connue.

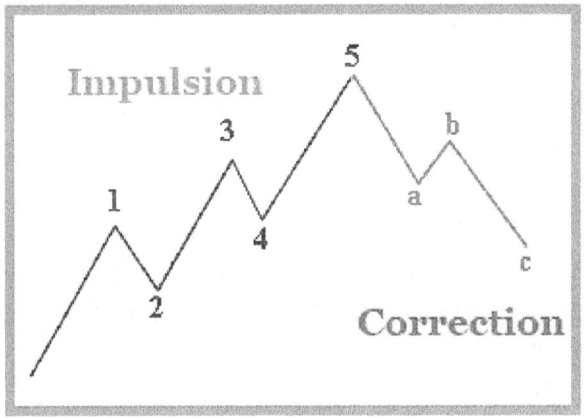

La vague d'impulsion est représentée ici en bleu. Comme vous pouvez le voir, elle comporte 5 segments noté 0;1;2;3;4;5

sur les graphes. Cette vague peut survenir dans le sens de la hausse comme ici, mais également dans le sens de la baisse. Les impulsions négatives existent.

Les points les plus bas de l'impulsion sont de plus en plus hauts et c'est la même chose pour les sommets qui se situent de plus en plus haut. C'est à cela que l'on peut deviner une impulsion.

Dans une impulsion, certaines vagues vont dans le sens du mouvement (1;3;5). Ces vagues sont appelées "vagues directionnelles". Les autres vagues de l'impulsion sont dans le sens contraire à l'impulsion (2,4). Ce sont les vagues de consolidations.

Une impulsion comporte donc 5 segments : 1,3 et 5 en vague directionnelle, et 2 et 4 en vague de consolidation. Ce schéma est répétitif pour chaque vague d'impulsion, ce sont les proportions qu'il est difficile de définir avec précision.

Investir sur l'impulsion

Pour bien investir sur une vague d'impulsion, il faut bien évidemment investir proche du point "0". Cependant il est difficile de trouver ce point, il en est de même pour le sommet de l'impulsion (point 5). Tout cela a une cause : la psychologie du marché.

Pour trouver le sommet du 5eme segment (moment où la vague d'impulsion s'arrête). Il faut trouver le seuil ou les investisseurs n'achètent plus car les actifs sont trop haut et ils ne deviennent plus rentables.

Eliott nous a retransmis des règles valable pour les vagues d'impulsion. Cet ensemble de règles sont utile pour déterminer si l'on est bien en présence d'une impulsion, ainsi que pour déterminer les différents paliers des vagues.

- Règle d'Eliott sur la vague d'impulsion

  ❖ 1. Les sous-vagues d'impulsion sont obligatoirement en **5 segments.**
  ❖ 2. Le segment 2 **ne retrace pas le segment 1** (la fin du segment 2 ne peut pas être plus bas que le segment 1 dans une impulsion haussière).
  ❖ 3. La 3ème vague **n'est pas la plus courte** (sur l'axe Y du graphique).
  ❖ 4. La fin de la vague 4 doit être **au moins supérieur** en prix à la fin de la vague 1 (si l'on prend en compte une impulsion haussière)
  ❖ 5. Il doit y avoir une divergence de sentiment sur la vague 5 (Il doit y avoir un moment où les investisseurs et traders n'achètent plus car le prix est trop haut, c'est la fin de la vague 5 et donc la fin de l'impulsion).

Vague motrice de correction

La vague motrice de correction est une autre vague qui définit une correction de la tendance. Nous prenons ici un exemple simple : l'impulsion est haussière et la correction est dans le sens inverse. Gardez à l'esprit que la correction peut être haussière et que l'impulsion peut être baissière.

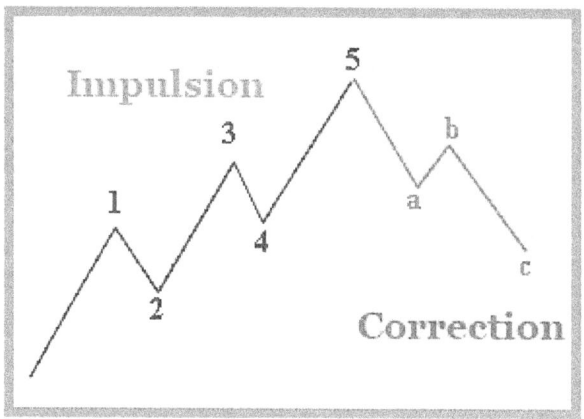

La vague de correction se modélise avec les points a,b et c. Elle comporte 2 segments directionnels et un segment consolidant.

De la même manière, la vague de correction à un ensemble de règles pour la caractériser, seulement ces règles sont différentes selon le type de correction.

- ❖ La correction comporte 3 segments.

Notez qu'il existe plusieurs formes de corrections (Zig Zag, triangle horizontaux…).

Correction en Zig Zag

La correction en zig-zag est une figure plus complexe qui a toujours 3 segments.

- Le premier segment a 5 sous-vagues
- le deuxième segment a 3 sous-vagues
- Le troisième segment a 5 sous-vagues.
- l'amplitude temporel de la sous-vague "C" est équivalente à l'amplitude de la sous-vague "A", ou est équivalente a 0.168 ou 1.618 fois l'amplitude de la sous-vague "A"
- Le sommet de B est plus bas que le point de départ de A (notre point 0 dans cet exemple).

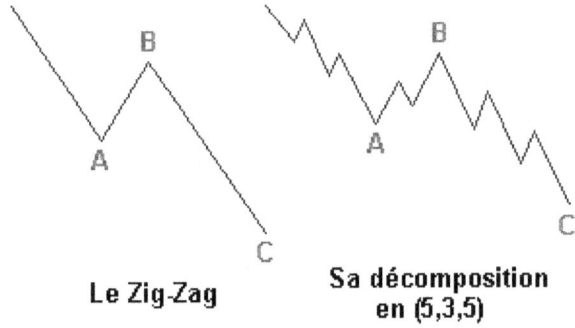

Le Zig-Zag   Sa décomposition en (5,3,5)

Il existe également des doubles zig-zag et des triple zig-zag...

Correction à plat

La correction à plat est une correction qui se décompose en 3 vagues abc, comme toutes les corrections. Cependant la correction à plat a des sous-vagues qui se décomposent différemment de la correction zig-zag. (le zig zag est décomposé en 5,3,5).

La correction à plat se décompose en

- 1. segment a -> 3 sous vagues
- 2. segment b -> 3 sous vagues
- 3. segment c -> 5 sous-vagues

Si un graphe dessine une correction à plat, alors nous pouvons en déduire plusieurs règles.

- 1. la vague B retrace au minimum 61,8% de la vague A et au maximum 161,8% de la vague A
- 2. l'amplitude maximale de la vague C est de 2.618 fois l'amplitude de la plus grande des des deux vagues A et B.
- 3. La sous vague A est souvent un zig-zag
- 4. La vague C a souvent au moins 38,2% de l'amplitude de la vague A.

La correction à plat est souvent présente sur de grandes échelle temporelle puisqu'elle comporte souvent un zig-zag. Le principe de fractalité commence ici à être appliqué.

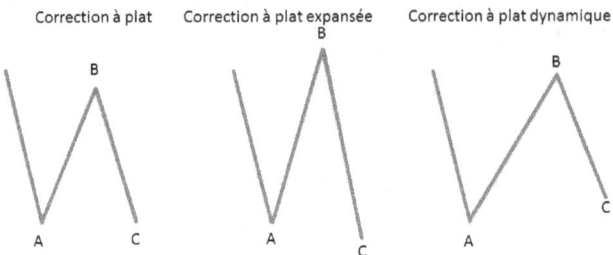

Correction en triangle

Les vagues de correction en triangles sont plus complexes à repérer et également plus rares. Il y a 4 types de triangles (ascendant, descendant, fermé et ouvert), ils proposent chacun des issues et caractéristiques différentes.

Ce qu'il faut retenir sur ces triangles, c'est qu'ils sont composés de 5 segments. Chaque segment est une sous vague de 3 segments, comme le montre l'image suivante.

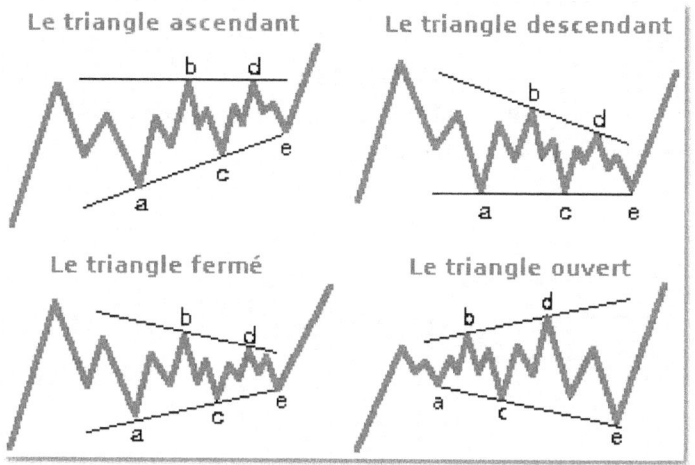

pour ces triangles :

- Il se rencontre sur des segments "4" le plus souvent.
- Mis a pars le segment "e", il n'y a pas de triangle dans les triangles.
- Chacune des sous-vagues retrace au moins 50% de l'amplitude de la vague précédente.

- Les sous-vagues de la même direction ont une amplitude liée avec le ratio 0.618.

Regardons aussi des vagues plus rares mais tout aussi utile

Bien que les vagues suivantes sont moins présentes dans les graphiques. je vous les présente pour la culture et pour que vous en sachiez l'existence. C'est également des figures que l'on retrouve sur tradingView (comme toutes les vagues présenté précédemment.)

Vague double combo
La vague double combo est une ABC décomposée en 7 sous-vagues.

- A est une vague de correction composée de 3 sous-vagues (correction à plat ou zig-zag).
- B est une sous-vague de transition en 3 sous-vagues
- C' est une deuxième vague de correction composée de 3 sous-vagues (zig-zag, à plat ou triangle).

Je pense qu'une image est appréciable dans cette situation.

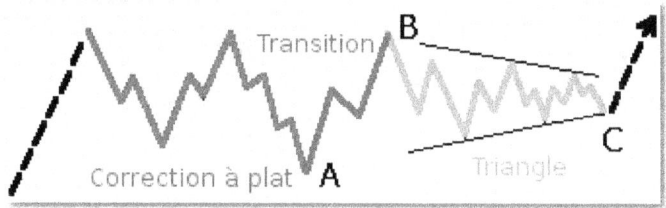

Vague triple combo

La vague triple combo est une vague ABC décomposée en 11 sous-vagues.

- Une vague de correction (3 sous vagues)
- une transition (1 sous-vague)
- une deuxième vague de correction (3 sous-vagues)
- une deuxième transition (1 sous vague)
- Une troisième vague de correction (3 sous-vagues)

Dans ces vagues (double combo ou triple combo)

- La première transition ne peut pas être un triangle
- Les vagues combo se situent souvent en vague 4 (sur une impulsion de 5 par exemple).

Il faut également apprendre à se situer

Pour maîtriser les vagues d'Elliott, il faut connaître l'ensemble des règles pour pouvoir se situer dans les vagues, une fois que l'on sait ou on est, on est capable de définir le chemin emprunté par les bougies. Les schéma d'Eliott se trompent rarement. Seulement toute la difficulté est de savoir dans quelle situation nous nous trouvons à un instant T.

Si vos figures fraîchement dessinées sur vos graphiques ne correspondent pas. Alors il faut refaire le décompte des vagues pour se relocaliser dans les modèles d'Eliott.

- ❖ Si vous êtes dans le bon schéma, vous avez tout gagner
- ❖ Si vous observez une incohérence, recomptez les vagues et les sous-vagues. Essayez de voir plus grand pour obtenir des vagues très long terme, pour ensuite préciser vos schéma.

La première chose à retenir de ces paragraphes, est le principe de fractalité qui est fondamental dans les théories de l'Éliotisme.

Comprenez que les additions de sous-vague et vagues antérieures sont possibles jusqu'à la plus petite <u>unité temporelle,</u> et également jusqu'à des décennies..

Des cycles sont imbriqués dans des cycles qui sont eux-même imbriqués dans des cycles. Pour déterminer les vagues, il faut commencer par les grandes unités temporelles, puis préciser vos informations.

Retenez également que le principe de l'eliottisme est basé sur la psychologie des investisseurs et de l'achat, comme les nombres de Fibonacci. c'est pour cela que l'on retrouve les nombres de Fibonacci dans les règles d'Eliott.

Conclusion

Après toutes ces explications sur la blockchain. Vous connaissez maintenant la technologie. La blockchain est une technologie qui englobe beaucoup de processus et de sous-technologies. Vous avez obtenu une vision globale de la blockchain a travers l'explication concrète de chacun des protocoles.
La blockchain a une connotation complexe. Mais il n'en est rien, une fois démystifié : les concepts technologiques de la blockchain s'intègrent et s'expliquent simplement.

Mais la blockchain n'est pas uniquement une prouesse technologique. C'est bien évidemment une révolution dans le domaine de l'échange et de la décentralisation !

La ou autrefois la communication était moins efficace. Il a fallu centraliser l'information autour de structures, hiérarchiser l'information pour mieux communiquer et mieux agir... Mais maintenant, nos outils se perfectionnent et la blockchain est capable de créer des échanges intelligents à travers les smarts contracts.. Nous pouvons échanger de la valeur réelle sans intermédiaire... Nous pouvons communiquer ensemble d'une manière très intelligente. C'est avec la blockchain que la centralisation perd son sens dans beaucoup de domaines.
Ainsi la décentralisation créer avec la blockchain permet d'éviter de nombreux coups et taches pour les utilisateurs finaux, mais aussi pour les entreprises. Les échanges se font

maintenant en P2P, pour un coût moindre et l'échange est en soi, plus efficace.

La technologie a été améliorée, les échanges de tout type s'affinent et son meilleur de jour en jour. La blockchain est vraiment étonnante.

Mais faut t-il installer des blockchains partout ? Faut t-il décentraliser le monde ? La blockchain pose également des questions éthiques.
Les blockchains sont utiles seulement si les processus engagés sont améliorés grâce à la suppression de tiers de confiance.

Finalement, même si la blockchain est un outil d'automatisation. Un nouveau monde de compétences voit le jour.. En effet, une blockchain integre de nombreuses notions et il faut de nombreux métiers pour créer ou maintenir une technologie de registre distribué.
Des programmeurs nouveaux avec de nouveaux language (solidity). Des scientifiques de la Data, des chercheurs en intelligence artificielle, des professionnels du réseau, mais également des comptables (question de rentabilité) et marketeurs par exemple.
Si la blockchain est un nouvel outil adapté pour simplifier la vie des utilisateurs et des entreprises, alors il faut bien évidemment des compétences pour créer cette technologie.

Si vous souhaitez aller plus loin avec la blockchain, je vous invite à mettre en place un système de veille technologique.

Essayez donc de suivre l'actualité et les nouveautés technologiques et commerciales. Assemblez l'information accumulée et apprenez : La blockchain est un domaine de l'informatique, sujet a une évolution constante.

Vous pouvez également apprendre le langage de programmation Solidity et programmez vos propres applications. Vous pouvez également vous lancer dans le minage ou dans l'investissement en crypto-monnaie.. Tout est possible avec la blockchain.

Je vous remercie pour votre temps et votre lecture.
Ci-dessous en annexe : Un dictionnaire mémo mis en place pour rappeler les expressions essentielles liées à la blockchain.

Annexe Dictionnaire

Afin de retenir les notions les plus importantes, je met en place maintenant des définitions qui sont à retenir et/ou utiles. N'hésitez pas à revenir ici après la lecture de ce livre afin de retenir le jargon.

Blockchain : Une blockchain est un grand registre (livre informatique) ou tout est enregistré, puis ensuite ce même livre est donné à tout le réseau, pour que tout le monde possède la blockchain. Cela garantit la sécurité des informations.
Chaque transaction est enregistrée, puis les transactions sont assemblées par bloc, tous les blocs sont reliés pour former la chaîne de blocs (blockchain).

Mineur : Les mineurs sont les personnes qui calculent et essaient des hashs aléatoirement pour valider les blocs. Ces mineurs peuvent miner en équipe appelé "pools". A chaque bloc validé : les mineurs impliqués reçoivent de la valeur selon leurs contributions.
Les calculs s'effectuent à l'aide de processeurs, de cartes graphiques et de matériel spécialement conçu (ASIC,…).

Noeud : Un nœud est un carrefour routier du réseau. C'est un point de passage obligatoire dans le réseau, ces nœuds peuvent écouter l'information et ils contiennent la blockchain. Des ordinateurs particuliers peuvent posséder des noeuds.

Microtransactions : Les transactions avec des sommes minime comme des frais de port, frais de transaction et autres.. Nous parlons aussi de micro-paiement. Bitcoin est divisible jusqu'au millionième, il est adapté à cette micro-économie.

Monnaie Fiat : Fiat (fiduciaire) vient du latin "confiance". Les monnaies Fiat sont les monnaies d'etats régulé par les banques comme le dollar ou l'euro.

Proof of work : La preuve de travail, un algorithme complexe qui vise à déterminer la validité d'un bloc. Lorsqu'une blockchain utilise cette méthode de proof of work, ce sont les mineurs qui ont la charge de calcul. D'autres systèmes de validation existent mais elles sont moins fiables.

Satoshi Nakamoto : Personne ou groupe encore inconnu à l'initiative de bitcoin.

Smart contract : Les smarts contracts sont des programmes capables de s'exécuter pendant une transaction sur la blockchain. Puisqu'il s'agit de transaction, un smart contract a forcément un coût puisqu'une valeur doit être échanger.

Elliotisme : L'eliottisme est l'art d'anticiper les cours via des schéma de vagues. Notamment des vagues d'impulsion et de correction ou il faudra compter le nombre de montées ou de descentes. Bien que très théorique, cette technique a fait ses preuves et s'appuie sur la psychologie des investisseurs. l'eliottisme tire sont nom d'un mathématicien.

Token : Un token est une pièce de monnaie représentée numériquement pour échanger de la valeur à travers une blockchain.

Livre Blanc : Le livre blanc est un document qui synthétise et informe a propos d'un projet. Ce document peut être plus ou moins explicite selon le projet. Bitcoin a été lancée avec un livre blanc sur un forum.

Support & Résistance : Le support et la résistance sont deux droite théorique qui ont pour objectif de modéliser la valeur la plus faible d'un cours et sa valeur la plus haute, a un instant T. Ainsi le support est la droite qui représente le point le plus bas, et la résistance est la droite qui représente la droite supérieure. On admet une droite à partir de 3 points de contact sur les bougies d'un graphique.

Dapps : Dapps signifie application décentralisée. Ce sont de gros contrats intelligents, des programmes complets comme des jeux vidéo, ces programmes sont capables de s'exécuter sur la blockchain, ce sont donc des programmes décentralisés. Bien que leurs utilisations et leurs utilités sont encore a démontré. Les Dapps sont très nombreuses et assemblés dans des stores spécialisés.

Ledger : Ledger est l'entreprise à l'origine d'une petite clé USB wallet, indispensable pour garantir la sécurité maximale de ses crypto-actifs.

Fork : Le fork est "la tournure" que prend une blockchain, après une modification majeure, les transactions ne peuvent plus s'ajouter à la blockchain non mis à jour, nous sommes alors dans l'obligation d'avoir deux blockchain différentes, c'est un probleme de rétro-compatibilité. Certains projets se divisent en deux blockchains pour des raisons sociales ou stratégiques.

Crise économique des subprimes : Grande crise de 2008, cette crise a touché la population du monde entier, en partant de la banque des états unis. C'est suite à cette crise que bitcoin a été créé pour offrir une valeur refuge quand un pays ne peut plus avoir confiance en sa monnaie.

Schéma de Ponzi : structure illégale qui finance les investissements de certaines personnes par l'arrivée d'autres personnes.

ICO : Levée de fonds en crypto-monnaie.

Wallet : avec la Clé de chiffrement RSA en cryptographie, nous pouvons chiffrer des données à l'aide d'une clé publique, mais ces données ne peuvent être déchiffrées qu'avec une clé privée. C'est avec ce système que les portefeuilles (wallet) sont créés. Les wallet sont des espaces de stockage de crypto-monnaies et il existe plusieurs wallet (wallet logiciel, en ligne, de bureau, USB avec Ledger..).

NFT : Non fungible token, cela signifie que chaque jetons sur une blockchain est unique, et que la valeur n'est pas égale à une autre. Si nous comparions les NFT au bitcoin ,nous pourrions dire que tous les bitcoins sont les mêmes, et que chaque bitcoin a une valeur égale. Pour les NFT, ils ne sont pas égaux, et ils représentent des œuvres d'art, des petits chats virtuels à élever, des joueurs de foot à collectionner,...

Merci d'avoir lu ce petit livre sur la technologie blockchain. Remerciement aux correcteurs, à l'auteur, et à nos chers lecteurs.

N'hésitez pas à noter ce livre sur *amazon.fr* !